智元微库
OPEN MIND

成长也是一种美好

有边界感的妈妈，不用督促的孩子

六招让孩子积极主动写作业

项目 著

人民邮电出版社

北京

图书在版编目（CIP）数据

有边界感的妈妈，不用督促的孩子 ：六招让孩子积极主动写作业 / 项目著. -- 北京 ：人民邮电出版社，2023.3（2024.3重印）
ISBN 978-7-115-60331-9

Ⅰ. ①有… Ⅱ. ①项… Ⅲ. ①中小学生一家庭教育 Ⅳ. ①G782

中国版本图书馆CIP数据核字(2022)第200387号

◆ 著 项 目
责任编辑 宋 燕
责任印制 周昇亮
◆人民邮电出版社出版发行 北京市丰台区成寿寺路 11 号
邮编 100164 电子邮件 315@ptpress.com.cn
网址 https://www.ptpress.com.cn
天津千鹤文化传播有限公司印刷
◆开本：880×1230 1/32
印张：7.25 2023 年 3 月第 1 版
字数：150 千字 2024 年 3 月天津第 22 次印刷

定 价：59.80 元

读者服务热线：（010） 67630125 印装质量热线：（010） 81055316
反盗版热线：（010） 81055315
广告经营许可证：京东市监广登字20170147号

推荐序｜教育的因果

因果定律，也称因果法则，由古希腊哲学家苏格拉底提出。它是指每件事情的发生都有某个理由，每个结果都有特定的原因。成功或失败，都并非偶然，而是因果关系使然。

和苏格拉底同时代的两位东方哲人——佛陀和老子，同样用因果关系描绘世界万物的规律。

坐在树下的牛顿，被苹果砸中了脑袋，他没有抱怨自己真倒霉，而是苦苦思考苹果不往天上飞而往树下落的因果关系是什么，于是发现了万有引力。

在因果定律上，无论东西方的哲学家，还是科学家，惊人一致地认可它的必然。

教育学就是因果学。种瓜得瓜，种豆得豆。

一个孩子在火车座位上，用脚不停地踹前排的椅背。母亲看到了，不由分说，抬手啪啪就打。观者纷纷鼓掌叫好："这个妈妈做得好，现在不教训孩子要懂规矩，将来长大了不守规矩就要被别人揍。"

孩子干扰了别人，这确实是一个不好的“果”，但“因”呢？“因”是母亲并没有在上车前就教会孩子在火车上哪些事不能做，打扰到别人不好。既然“因”出在母亲身上，她为什么不打自己呢？道理不言而喻。

那个被打的孩子会因此开始守规矩吗？心理学告诉我们：不会。因为他受了皮肉之苦，心智进入防御和委屈的模式，他的所有注意力都是“我疼”“我在大庭广众下被羞辱，好难过”；而不是“我该遵守什么样的规矩”。

事实上，成年人中那些不守规矩的人，多是童年没有被尊重，没有接受真正教育的人。他们在打骂声中长大，他们学会的只是用打骂解决问题，用暴力发泄情绪。

正确的做法很简单，母亲平和地向被干扰的人道歉：“干扰到您了，十分抱歉。”然后，母亲温柔地对孩子说：“宝宝，对不起，妈妈错了，妈妈上车前忘了告诉你，火车上有一些规矩，比如不能踢别人的椅子，那样别人会很不舒服，你看，妈妈要是这样不停地推你的椅子，你是不是也感觉不舒服了？咱们以后不打扰别人就好了。”这样的教育方式，孩子感受到的是爱，是温暖，他的注意力自然放在了坐火车的规矩上，很容易学会。

家长看到孩子身上某个坏毛病（“果”），就直接训斥，甚至动手，却从来不思考造成这个“果”的根因是什么，其核心就是家长不懂因果思维。而在项目老师的这部作品中，有很多关于教育因果的思考，十分值得学习。比如在让几乎所有家长都头疼的孩子不好好写作业方面，项目是这么讲述的。

我有时也会忍不住催女儿心心赶紧去学习，言语中常不自觉地带着不满情绪。后来我发现，越这样催她，她越不开心，越会在写作业过程中磨蹭。我忍住不催她，也许她磨蹭10分钟才想起写作业，如果这时我送上一句鼓励，“今天不错啊，妈妈没提醒，你就知道主动写作业了”，孩子就会更有信心，写作业时会更努力地做好；如果她发现自己写作业时间太长，没时间玩，也会请求我与她一起想办法进行时间管理。

前者就是负循环——家长催促，孩子反抗，家长不再信任孩子，只能再次催促。

后者是正循环——家长等待孩子积极主动（或被简单提醒一句）去做事，孩子迈出一小步，家长就进行鼓励；受到鼓励，孩子有动力做得更好；因为孩子做得好，家长更信任孩子！

亲子互动模式是负循环还是正循环，差别就在于家长是否从内心相信“孩子也希望把事情做好，希望自己是优秀的”，能否敏锐地发现孩子做得好的部分并及时予以鼓励。

人性是复杂的，可以说，每个人身上都有“天使”的一面，也有“魔鬼”的一面，孩子也不例外。如果我们更多地看见孩子“天使”的那一面，孩子就有动力做得更好，展现更多的美好；如果我们不断激发孩子“魔鬼”的那一面，孩子也会对自己失去信心，陷入恶性循环。

教育不是告知与被告知的关系，更不是监督与被监督的关系，教育只是爱与被爱的关系。掌握因果定律，放弃对结果的执著，在“因”上努力，才是道法自然。

在孩子的学习上，混淆边界，越俎代庖，是当代父母的常见问题。催促，指责，包办，从来不能收获一个自动自发爱学习的孩子，它只能走向父母期望的反面。守住父母的边界，说得容易，做起来难。不能真正理解“我是一切问题的根源，爱是一切问题的答案”，就不能做到知行合一。

爱与自由的口号谁都会喊，但一做就干反教育常识的事比比皆是。项目老师的书写得很细，孩子的心理，家长的反思，汇流成有知有行的操作方法。

谁不是第一次当父母？难能可贵的是，项目老师是在养育孩子过程中不断成长的母亲，这包括不断研读经典教育心理学著作，不断实践复盘。

从来没有完美的小孩，和孩子一起面对问题，解决问题，而不是把孩子当作一个问题，才是父母真正的功课。这个功课需要父母的耐心、细心和稳定的情绪。无疑，项目老师给广大父母展示的这门功课怎么做，值得我们借鉴与学习。

郎世溟　尹建莉父母学堂总编辑

2022 年 12 月 25 日

前言 | 妈妈有边界感，孩子才有自发成长的空间

8年前，我初为人母就成为一名全职妈妈。那时，每天只要醒着，我基本都在围着孩子的各种需求转，偶然闲下来，也在学习育儿知识，想把“养育孩子”这件事做得更好。那段时间，我几乎为孩子奉献了所有的时间和精力。

有一天，我看到网上一篇文章，是一位中学老师的经验之谈。这位老师说，她教过很多学生，发现职场妈妈带出来的孩子往往比全职妈妈带出来的孩子更优秀。

现在看来，这个观点并不是那么严谨、客观，可那一瞬间，它刺痛了我。我愤愤不平，百思不得其解：全职妈妈明明付出的更多，带孩子更用心，能给孩子更多的陪伴与关注，为什么她却说这样带出来的孩子不是那么有竞争力呢？

思考这个问题的同时，我也面临着现实生活的困境——我发现哪怕我再尽职尽责地围着孩子转，想要更好地陪伴她，内心总免不了有一种牺牲感：因为孩子，我没法去上班。我担心做全职妈妈时间久了，自己会与社会脱节。我也会时常抱怨，照顾孩子挤占了我太多个人时间与空间。

虽然养育孩子这件事给我带来很多的快乐与甜蜜，但从另一个角度看，这似乎也是一种对我的“压榨”。有些时候，我是想照顾好孩子，可我的状态并不好：陪她玩耍时，我很难放松投入地大笑，甚至，她有时不停地喊“妈妈”，都会让我烦躁不已；此外，我还常常不自觉地将自家孩子与别人家孩子相比较，当我发现老人、保姆带的孩子也非常优秀时，我就会陷入自我怀疑，觉得自己为孩子投入这么多好像意义不大。我知道这样想是不对的，但又不得不承认，这是我内心真实存在的一种声音。

后来我才逐渐明白那位老师说的话，可我认为她只说对了一半。如果将她的话补充得严谨一点儿，我想应该这么说：**决定孩子是否优秀、独立、有内驱力的一个重要因素是妈妈是否具有稳定的“自我内核”与边界感。**相对于全职妈妈，大多数职场妈妈因为工作可能更容易有稳定的“自我内核”和边界感。（当然，仅仅是相对而言，并不能覆盖全部人群。）

什么是“自我内核”呢？通俗地讲，它指的是我们来到人世间

到底是为了什么，想实现什么，想留下什么。它可以是我们感兴趣的事情，我们的事业，我们自己的意义感。

如果一个妈妈没有稳定的“自我内核”，她的关注点都在孩子身上，看似尽职尽责，为孩子操碎了心，实际上对于孩子来说，这可能并非幸事，因为这是没有边界感的爱。

一个缺少边界感的妈妈，因为过分关注孩子，容易把孩子的所有问题（哪怕是成长过程中遇到的正常问题）放大化，使自己焦虑，那么她的应对方式也可能会情绪化，让孩子感到巨大的压力。

一个缺少边界感的妈妈，总期望孩子来背负自己的梦想，希望以孩子的优秀证明自己是有价值的。可孩子那弱小的身心哪里背负得起两个生命的重量呢？

一个缺少边界感的妈妈，养育孩子的过程可以说是对亲子双方的“压榨”，妈妈感觉自己被孩子“压榨”、为孩子牺牲，于是免不了希望孩子补偿自己，而这又成了对孩子的“压榨”。这样纠缠不清的爱，太沉重了！

当我意识到这一点后，便开始注重边界感。我告诉自己，**想找寻“价值感”，那就自己去追；想摆脱“挫败感”，那就自己去解决。这一切都是我自己的事儿，与孩子无关。将期望寄托于孩子身上很容易，将情绪发泄给孩子也很容易；但学会自我负责、在自己身上下功夫却是件不容易的事儿，因为这需要我踏踏实实地努力与**

付出。

记得孩子还小的那会儿，我很难找到属于自己的时间，于是每天早晨5点起来看书、写文章；平时也经常见缝插针地利用碎片化时间听课、学习。这些年，我写文章、研发课程、做咨询、参加或举办工作坊，虽然忙忙碌碌，内心却更加笃定。

我专注于自我成长，关注自己想要什么、收获了什么、还需要提升什么、怎样能做得更好；我不再患得患失，在跌跌撞撞中收获了成就感与扎实的自信。

我惊喜地发现：当我自信了，我自然会信任孩子；当我遇事挫败，我就更能理解困境中的孩子；当我满足了自己，直面自己的问题之后，我的养育状态也就更加放松自如了。因为无须孩子“补偿”我什么，这时，我对孩子本源的、无条件的爱便流淌出来了。我才一遍遍体会到，亲子之间爱的流动可以如此简单、轻松、相互滋养，如此美好！

我也更加深刻地感受到，**我们不断努力争取、实现自己理想生命状态的过程，本身就有一种“心灵推动心灵”的力量，于无形中带给孩子更深层的影响。**

当然，养育孩子就像一路升级打怪，不断考验我们的初心，挑战我们的耐心。特别是孩子进入学龄期之后，我之前努力保持的平衡与美好的感觉又被打得稀碎。面对新的挑战，我再一次发现父母保持边界感有多难，而这又有多么重要。

在孩子上学之前，父母要做的无非是学会回应孩子的需求，积极引导孩子的情绪，做到高质量陪伴；可孩子上学后，每天回到家，父母直面的是孩子的学习问题，或者更具体地说，是孩子的写作业问题。很多妈妈会发现：

孩子写作业总是拖拉磨蹭，催一下才动一下，没有时间紧迫感；

孩子写作业时，时不时就走神、不专心，致使写作业的效率很低；

孩子一遇到难题就闹情绪，磨磨叽叽不想写，不愿意认真思考；

孩子不愿意写作业，成天只想着玩，对于作业，总想应付了事。

那该怎么办呢？很多时候，孩子拖拉，我们似乎只能不断地催促；孩子走神，我们好像就不得不大声提醒、责骂。我们每晚负责任地帮孩子把握时间进度，盯着孩子把任务一项项完成。可日复一日，我们身心俱疲，孩子却丝毫没有进步，对学习越发的消极被动。

有一段时间，我也陷入这种“恶性循环”中，感到非常挫败与无助。后来，我发现**正是因为我们丢失了“边界感”，才导致了这样的局面**。学习、写作业，这本是孩子的课题。当我们没有边界感，对孩子妄加干涉、过度控制时，其实我们是将孩子的课题背负在自己身上。我们累得气喘吁吁，孩子却越发觉得学习这件事与自己无关。

父母在陪孩子写作业的过程中，边界感到底有多重要呢？

首先，有边界感地陪写作业，才能让孩子在真实的体验中学会自我负责。

对孩子过度干涉的父母常常是横在“孩子”与“学习”之间的障碍，他们花尽了心思，想尽了办法——奖励孩子、惩罚孩子、与孩子苦口婆心地讲道理……只为确保孩子高效完成学习任务。可这样过于用力的方式，剥夺了孩子的自主权，侵占了孩子自我反思与调整的空间，同时，也让孩子嗅到一股“不被接纳”的味道。

于是，孩子开始与父母对抗，想夺回自主权，找回自我的空间。他们会通过各种形式与父母确认：如果我没有达到你的期望，你是否依然爱我。孩子与学习之间的联结被父母硬生生地隔开了，取而代之的是孩子与父母之间的纠缠。

而有边界感的父母站在孩子身后。他们舍得让孩子体验做事过程中的种种感受，因为他们知道，**情绪才是生命最宝贵的动能**。孩子在与“学习”这件事打交道的过程中，学得好时，他们会自豪，会开心；学得不好，成绩不理想，被老师批评时，他们会沮丧，会失落，会觉得没面子。

积极的情绪与正向经验会让孩子更自信，更有成就感，而所谓的负面情绪、失败的经历往往会让孩子痛定思痛，带来新的行动与改变。父母不横加干涉，孩子想做好这件事的动力才会显露。

其次，有边界感地陪写作业，能让孩子轻松应对学业，没有过多的情绪负担。

网上有句戏言说："不写作业母慈子孝，一写作业鸡飞狗跳。"这句话生动地描述了父母在陪孩子写作业时情绪失控的场面。

陪孩子写作业确实很不容易，但我们的情绪失控完全是孩子导致的吗？试想下面两个场景。

场景一：今天你高效完成了工作，并且你最近熬夜做的方案也得到了领导的认可，领导还在全员大会上特意表扬了你，为此，你非常开心，心想，这段时间的努力总算没有白费。

场景二：今天你在工作中遇到了很多烦心事，比你晚一年入职的新人得到了提拔，可你还在原来的岗位上。领导语重心长地跟你说："你的很多工作思路和工作方法还需要再改进，要多努力，不进则退！"你感到非常挫败。

想一想，拥有不同状态的你，回到家看到孩子写作业磨磨蹭蹭、三心二意的情景，会不会有完全不同的应对方式呢？

所以，**我们陪孩子写作业时被激起的“挫败感”只是一个导火索，它触发了我们生活与工作中类似的感受，才导致我们的情绪一发不可收拾。**

有边界感地陪写作业，意味着我们能为自己的情绪负责，不将自己未消化的情绪迁怒于弱小的孩子；也意味着我们能为自己的人生负责，不会将自己未实现的人生梦想寄托在孩子身上，用孩子的优秀来证明自己的成功。

当孩子只需为自己的课题负责时，他们的情绪内耗就少了，压力减轻了，反而更能集中注意力去学习。

最后，有边界感地陪写作业，才能让孩子拥有真正的自信和应对未来的核心竞争力。

《内驱型成长》一书中有这么一段话：在解决孩子的问题时，倘若父母比他们的孩子还要用劲，那他们的孩子只会每况愈下，如果你的孩子在取得成功的过程中所花费的所有能量中，有 95% 都来自于你的付出，那你就只给孩子留下 5% 的努力空间了。

如果你每天掐着时间催促孩子，孩子就没法学会时间管理；

如果你每天帮孩子制订计划，孩子就难以学会统筹安排学习任务；

如果孩子一遇到困难你就去帮忙，孩子就很难培养出抗挫力和解决问题的能力。

父母少做一些，孩子才会有更多自我探索与自我成长的空间。正是在这样自主的空间中，孩子学会了解决问题，发展了各项能力，生长出了扎实的自信，而这些才是孩子应对不确定的未来的核心竞争力！

当我深刻领会了这些道理，我便开始在日常实践中努力做到有边界感地陪写作业。在我看来，有边界感地陪写作业，要求**我们做到对孩子的引导“少而有效”——不仅要时刻保有觉察，分清谁才是“作业”这件事的主要责任人；还要在孩子需要支持时，为他们提供好的方法与策略。**

拿捏这个尺度非常不容易，我在实践中进行了很多探索、反思与总结。陪学中，我会认真观察并记录孩子的学习状态；白天孩子去上学了，我也会写写陪学的反思日记。慢慢地，这些理念与方法逐渐清晰明确了起来！在我的引导之下，孩子的学习内驱力和学习能力稳步提升了，状态越来越好。

于是，我想尝试将这些思考分享出来，在这本书中，我会结合孩子写作业过程中常见的问题，分六个部分阐述如何有边界感地陪孩子写作业。

第一部分，针对孩子学习上的问题，探讨如何找出问题的原因，以及父母在陪孩子写作业的过程中该做什么，不该做什么。

第二部分，针对孩子没有内驱力，探讨父母如何激发孩子的内在动机。

第三部分，针对孩子拖拉磨蹭的行为，探讨如何让孩子学会时间管理，从而实现父母与孩子共同的目标——学得专心，玩得痛快！

第四部分，针对孩子学习的畏难情绪与自控力不足，探讨怎样提升孩子的抗挫力与自控力。

第五部分，探讨在孩子写作业的过程中，父母怎样培养孩子的学习好习惯。

第六部分，探讨父母如何有边界感地管理自己的情绪，不让其影响孩子。

我在书中谈到的这些理念与方法，大大改善了我的生活。

记得大女儿心心刚进入一年级时，还没有养成好的学习习惯，每晚的作业都需要我不停督促着去写。心烦意乱的我，也没办法好好陪伴小女儿。大家都知道，当孩子没得到充足的陪伴时，就会有很多情绪，也会更黏妈妈。那时，分身乏术的我只能每晚带着心心在咖啡厅写完作业再回家。经过不到一年的努力调整，从带着她规划学习任务到培养专注力，从提升她的抗挫力到激发内驱力，现在，心心的学习已经无须我过多操心了。

现在的她，每天晚上回到家，休息一会儿便会自觉写作业、读英语、练琴，所有学习任务都完成后，我们会开心地玩一会儿游戏，或者进行亲子阅读。9点她便洗漱睡觉了。因为心心的学习和生活步入正轨，我开始有更多的精力高质量地陪伴小女儿。

当我将这些理论与方法分享给更多的妈妈时，也收到了很多积极反馈。她们在认真实践之后，也发现孩子的学习越来越积极主动了，写作业的效率更高了，学习习惯更好了，亲子关系也亲密很多！还有些妈妈给我发来了老师对孩子近期表现的肯定与夸赞，这些都给了我很大的鼓舞！谢谢她们！

所以，如果你发现孩子学习内驱力欠缺，总需要不断督促；如果你在陪孩子学习的过程中有很多的困扰，那么，你可以读一读这本书，相信你会受到一些启发并有所收获！

当然，孩子的状态总会存在波动，毕竟，育儿过程中的挑战应接不暇，如果你希望走进一个积极向上的学习型妈妈群体，也欢迎关注我的视频号“心妈育儿说”。任何读书时的困惑，实践中的困扰，我们都可以一起讨论、交流！

项　目

2022年9月于北京

目录

第一章 One

陪写作业的正确姿势

孩子学习出问题，不仅在于知识点没掌握

家长朋友们，当你打开这本书开始阅读时，我想要么您是未雨绸缪，想提前为可能到来的挑战做好准备，要么是孩子的学习已经出了一些问题，那么我们就先来谈谈，孩子学习出问题，到底有哪些原因。只有找到原因才能对症下药。

在开始之前，先说一个我自己的小故事，上高中时，我的学习成绩一度下滑得很厉害，我妈妈当时就做了一件事，她找来了我们学校各科口碑最好的老师，从语数外到文综，每科都有，让这些老师分别给我补课。

我妈可真的是将“补课”这件事做到了极致，因为她“相信”——孩子学习不好，就是知识点没掌握。可即使这样补课，我高考也并没有考出特别好的成绩。

难道是我不够聪明，学习能力有问题？

好像不是。

语文，我曾经连续获得全校作文比赛第一名；数学，高中时我还取得过全校第一的好成绩；大学时，我的英语六级考试成绩位列全系前几名。

可见我的脑子并不笨，那么为什么高中时学习成绩不理想呢？

我自己当然知道原因：高中时，我和妈妈关系紧张，每天把大量的精力花在与父母的对抗上；对于学习，我没有内驱力，所以行动力偏弱；在交友方面，我也有很多困扰，这也分散了一部分精力。现在我发现，当时我是非常缺乏学习方法的。

我的故事并不是个例，很多父母在对待孩子的学习这件事上，眼光都容易被局限住。孩子学习不好，就拼命给孩子报辅导班补课。

其实，现在的孩子学习上的问题很少是因为学不会课堂上的知识点。

那么，孩子学习出问题的原因到底是什么？

这就需要先了解一下马斯洛需求层次理论。

马斯洛需求层次理论是行为科学的理论之一，是由美国心理学家亚伯拉罕·马斯洛于1943年在论文《人类激励理论》中提出的。该理论将人类需求从低到高分为5个层次，分别是：生理需求、安全需求、社交需求（爱和归属感）、尊重需求和自我实现需求（见

图 1-1）。

图 1-1　马斯洛需求层次理论

这五个需求层次呈金字塔式，马斯洛认为，**当人最基本的需求——生理需求没有得到满足时，人所有的能量都会集中在生理层面，从而无法向更高级的安全需求、社交需求等发展。**

孩子的学习，就像大人的工作一样，是需要孩子有自觉性、主动性的，通过学习，孩子解决问题的能力、思考能力、理解能力等不断提升，从而成为更好的自己。所以，想要学习好，这属于自我实现需求，也就是位于“金字塔”塔尖儿位置的需求。

如果“金字塔”下端的那些需求没有被满足，孩子对学习的内驱力就不会太强，也就无法把自己所有的精力与能量集中在学习上。

跟随着马斯洛需求层次理论，我们可以一层层探索孩子学习出问题的原因。

一、生理需求

当一个孩子没有休息好、睡眠不足、非常累的时候，他的状态会影响学习效能。

我的女儿心心从小就喜欢玩水，在浴缸洗澡时，都喜欢带着泳镜“潜水”。心心上幼儿园大班时，我给她报了游泳课。

看了心心在游泳试课上的表现，教练对我说，这孩子大概上三节课就能学会！但是为了让心心学会四种泳姿，我还是给她报了20节游泳课。结果，你们猜怎样？心心学游泳，整整学了17节课，才学会一种泳姿。

教练总向我反馈说“孩子注意力不集中，对老师说的话好像没听见，不知道她在想什么”。

但这些问题，我从来没有听幼儿园老师跟我反馈过。我问心心为什么注意力不集中，她也说不出为什么。后来我自己找到了原因：我给她报的游泳课在周一，周一她在幼儿园学习生活了一整天后，放学后还有一节舞蹈课，舞蹈课结束，又紧接着上游泳课。孩子累呀！

《动机心理学》一书中谈到有限资源模型时指出，**人们的自我控制能力是基于有限的通用资源的。**

之所以说是有限资源，是因为人们拥有的自我控制总能量是固定的，一旦用完（即耗尽）就不再拥有。

之所以说是通用资源，是因为不同类型的反应都会使用它，包括行为、思想和情绪抑制。

把这两点结合起来就会发现，不管是行为约束，还是情绪抑制，都要使用自我控制能量；在某个领域使用自我控制时，可用于另一个领域的自我控制力就会受损。

现代研究者使用“自我损耗”一词来指代先前使用某个领域的自我控制会损害随后其他领域自我控制力这一倾向。

这一点对于孩子也同样适用，孩子白天在学校要跟紧课堂节奏，听从指令，约束自己的行为，这些都要消耗很多自制力，有的孩子放学后还去上兴趣班，晚上写作业时就容易注意力不集中，学习效率降低，这是因为在写作业之前有太多的活动消耗了孩子的自控能量，导致了孩子的自控力下降。

在我的线上“自主学习力年度营”课程中，遇到学员说孩子写作业状态不好，总是闹情绪、注意力不集中，我都会关心一下孩子的兴趣班是否安排得太满，询问一下孩子的睡眠时间是否充足。

我惊讶地得知，很多小学生会写作业写到晚上 10 点，甚至 11 点多才睡。这会导致孩子睡眠严重不足。

很多家长都熟知“食物搭配金字塔”，尽力照此均衡孩子的营养摄入，却往往忽略了“生命金字塔”的基座是睡眠。

有研究表明，长期睡眠不足的人，大脑中的杏仁核会对让人情绪波动的事件更敏感，会更容易关注消极信息，情绪控制能力也更弱。所以，睡眠不足的孩子畏难情绪会更严重。精力充沛时，孩子会更有信心与动力面对困难；而精力不足时，可能一个小小的难题就足以让孩子感到极大的压力。

保持充足的睡眠对保证孩子的学习效率也至关重要。很多家长会认为，孩子学习时间长、挑灯夜读是勤奋的表现，一分耕耘必定会有一分收获。殊不知，这种“低水平勤奋”不仅无效，还会对知识吸收起到反作用。

《自驱型成长》一书中分享了一个研究轻微睡眠限制的实验。

实验要求一些六年级的学生比平常早睡或晚睡 1 小时，并坚持 3 个晚上。实验结果表明，那些睡眠时间比其他同学少 35 分钟的学生在后续的认知测试中表现出了四年级学生的水平，他们实际上丧失了 2 年的认知能力水平！

睡觉时，我们大脑区域中一块叫海马体的地方会进行一件非常重要的活动——整合我们一天所学的知识，将新知识进行“审查”并储存，“过审”的知识会被大脑所记忆。海马体只有在我们睡着的时候才工作，如果我们不好好睡觉，它就没有工作的机会。如果孩子勤奋地学习到很晚，却没有得到充足的睡眠，就相当于我们辛辛苦苦写了一篇论文，却忘记按保存键。辛苦学来的知识却没有被大脑记住，是不是很可惜？

《考试脑科学》这本书中这样写道：

学习的基本要求是“记住自己能记住的所有知识，切实掌握自己能理解的全部内容。”做到这点后，就果断地去睡觉吧！剩下的工作都交给海马体。总之，此时的铁则是“好好睡觉，期待海马体大显身手”。

二、安全需求

安全需求直接对应一个人的安全感。

你的孩子是否常常担心自己不被老师、同学喜欢？

你的情绪稳定吗？会不会在孩子写作业时突然发脾气，让孩子心惊胆战？

你和伴侣的关系如何？你们是否会当着孩子面吵架，以致让孩子担心爸爸妈妈会分开？

内心充满安全感的孩子会相信关系是滋养的、坚固的，家是安全可依靠的，周围的人是可以信赖的，自己是值得被爱的。

只有内心安定，孩子才会放心地走向更高一级的需求——社交需求。反之，他就会封闭自己，陷入反复的情绪内耗。如果孩子内心有太多的不确定、缺失与担心，他就没法集中精力去学习、成长，有一些孩子还会因为内心过度焦虑紧张而出现一些外显症状，比如咬指甲、频繁眨眼睛等。这些都是家长需要关注与重视的。

那么怎样判断孩子是否缺乏安全感呢？我在《童年不缺爱》一书中列举了内心缺乏安全感的孩子常见的一些表现。

要么非常黏人，要么太过独立；

过度追求完美，不能接受失败；

特别乖巧，很小就会察言观色、讨好大人；

在社交过程中胆小退缩，对朋友多是防备的态度；

非常在乎他人的认可与评价，一旦失去外界反馈，就会变得悲观消极；

攻击性很强，爱打人，外表看起来很“强悍”，内心却很脆弱。

到了小学阶段，内心缺乏安全感的孩子还会表现为不积极主动参加班级活动、不爱在课堂上发言，被老师反映注意力不集中、与同学相处有困难等。

当然，以上这些行为，如果你的孩子“中招”了 1 ~ 2 条，也并不是说他一定就缺乏安全感，有些行为表现也许只是阶段性的。孩子是否缺乏安全感还要结合孩子的童年经历、日常表现等进行综合判断。

如果孩子确实缺乏安全感，那么家长就需要认真审视自己的养育方式及家庭养育环境，平时是否常常忽略孩子的需求，让孩子感到关系不稳定。

同时，家长也要学会通过观察孩子的行为更加敏锐地识别孩子的需求，并及时满足孩子的需求。需要注意的是，这里所说的需求，是一个人保持心理健康的基础需要，比如孩子需要被积极关注；需要在伤心委屈时被倾听，在危险时被保护；需要在日常感受到自己被爱，在关系中体会到自己被信任、被尊重，等等。

当然，父母要想修复孩子缺失的安全感并不容易，如果条件允许，可以寻求专业人士的帮助，参加培训，或者找老师咨询，以更全面的视角发现问题，发现自己在养育中的盲点，更高效地改进自己的养育方法。

三、社交需求

随着孩子长大，父母对孩子的影响会越来越小，而同伴对孩子的影响会越来越大。孩子的学习问题，很多都和他们的社交需求没有得到满足而产生负面情绪直接相关。

比如：

孩子关系最好的小伙伴最近不和他玩了，孩子感到难过、不知所措；

新来的老师太严厉了，孩子不喜欢，因此抗拒这门课；

孩子纪律感欠缺，总被老师批评，自己也觉得“丢面子”；

孩子学习成绩不理想，被同学贴上了“差生”的标签；

班里有同学发展小团体，这些小团体孤立甚至欺负孩子；

…………

以上这些，都属于孩子在社交方面出了问题，这些问题都会影响孩子的学习。那么，家长此时该怎么办呢？

1. 亲子沟通顺畅，孩子才愿意说

大家可以思考一下，如果你的孩子将这些社交困扰与你分享时，你的第一反应可能是什么？

很多父母可能认为要寻找问题的原因，并引导孩子解决问题。如果是这样的思路，父母很可能会在沟通中忍不住否定孩子，或者对孩子进行过多说教。比如：

小伙伴为什么不和你玩呢？你要反思自己啊！

我觉得你们老师不严厉呀！你要学会适应不同的人。

老师是严厉，但是严师出高徒，你好好遵守纪律就行！

他们为什么不和你玩呢？肯定你有做得不对的地方呀！

……

如果父母经常这样回复孩子，孩子可能就会在内心渐渐形成一种判断：和爸妈说了也没用，还让我更生气。这样的经历多了，孩子的倾诉欲就消失了，亲子沟通之门也就此关闭。

孩子一旦将父母从他的“支持系统”移除，以后他们即使遇到了困难挫折，也不会再想寻求父母的帮助与支持。这才是最麻烦的问题。

2. 比解决问题更重要的是学会倾听

正确回应孩子的方式是，我们要**克制自己的“解救欲”，先倾听孩子！要相信，只要我们给孩子足够的耐心与空间，孩子是能自己想出解决办法的。在倾听时，我们只要保持专注与好奇，同时不断地共情孩子就好**。比如可以这样回应孩子：

是吗？那你一定很难过！

老师怎么严厉了？你继续说，你上课是不是很紧张？

原来是被误解了，你感到很不公平。

……

我们过多地给孩子提供建议，过多地说教孩子，甚至一味否定、纠正孩子，是阻碍亲子顺畅沟通的一个又一个关卡，而“积极倾听”可以让孩子有安全感、无障碍地表达自己所有的想法与感受。积极倾听时，我们能体会孩子的情绪慢慢消散，渐渐地，又会惊喜地看到他自己的解决方案开始浮现。如果被支持、被倾听的孩子开始主动寻求我们的观点与建议，这时才是我们表达自己观点和建议的最好时机，因为这是孩子最能听得进去的时候。

有时，我们会觉得孩子的解决方案不够好，这种情况下，如果不是特别紧急或特别重要的事情，还是不要急于给孩子提供建议，要相信孩子实践后会自己做出调整。

有时，孩子并没有提出什么解决方案，只是抱怨、倾诉一下，只要被倾听，他就会觉得好多了。毕竟，有些**“问题”不能被解决，我们只能适应“问题”，学会与“问题”共处。**

不急于给孩子提供解决方案，而是积极地倾听孩子，能做到这一点的父母，都是敢于将人生的体验权、试错权交还给孩子的父母，是从心底信任孩子、对孩子的成长有耐心的父母，也是教育眼光更长远的父母，他们始终坚信：**比给出解决方案更重要的，是培养孩子解决问题的能力！**

四、尊重需求

尊重需求可分为内部尊重需求和外部尊重需求。

内部尊重需求是指一个人希望在各种不同情境中感到自己是能胜任、能独立自主的，对自己有信心；外部尊重需求是指一个人希望自己能得到别人的尊重、信赖和积极正面的评价。

当孩子的尊重需求得到满足时，他就会在学习中更加自觉、主动、充满内驱力。

判断孩子的尊重需求是否得到满足，可以观察孩子是否有类似这样的表现：

经常有意无意地表达“我做不到”“我做不好”；
写作业是否总依赖家长，不愿意独立思考。

我们也需要观察自己是否有类似这样的表现：

是否总催着孩子做事情，批评孩子不自觉；
责怪孩子拖拉、磨蹭，学习效率低；
给孩子讲题时经常说“怎么这个你都不会”？

如果孩子或父母经常有以上这些情况，那么孩子的尊重需求就很可能没有得到满足。

此外，还可以通过问孩子一个问题，了解孩子的自尊水平。

可以问孩子："如果 0 分代表'我认为自己没有优点，什么都做不好'，10 分代表'我认为自己想做的事都能做好，我非常棒'，宝贝，你给自己打几分呢？"

如果孩子给自己打 7 分，我们可以接着问孩子："你觉得自己在哪些地方做得好，你对自己哪些地方不满意，所以给自己打了 7 分？"

通过这个小问题，就能知道孩子对自己的内在评价是怎样的。

如果孩子的尊重需求没有得到满足，可以从以下三个方面找原因。

1. 孩子确实做事能力欠缺，导致他对自己没有信心

比如：

他很想集中注意力，可就是不自觉地开小差；

读书总是跳字漏行，自己也不想这样，但就是无法避免；

阅读文章觉得难以理解，写文章总是没思路；

孩子也想早点写完作业好好玩，可是时间不知不觉就溜走了；

孩子总是丢三落四，粗心大意，自己也不知道该怎么办；

…………

如果是上述问题，那么我们就要想办法帮助孩子提升专注力，培养孩子的理解力和时间管理能力，帮助孩子养成好的学习习惯，而不是一味责备孩子，让孩子对自己更没有信心。本书后面的章节会详述如何培养这些能力与习惯。

自信来源于实力，实实在在的成功经历会让孩子对自己更有信心。我们可以用孩子过去的成功经历鼓励孩子，想一想，孩子是否有认真做好一件事的经历。如果孩子没有这样的经历，我们可以从日常生活的一些小事开始，也可以从孩子当下的兴趣开始，带着孩子一起取得一些成绩。

2. 孩子主观上缺乏自信，对自己有很多负面评价

如果孩子各方面能力都不错，但他就是觉得自己不行，很多事情都做不好，那么就很可能是孩子主观上自信心不足。

遇到这种情况，父母要反思，日常与孩子沟通时是不是对孩子的批评、建议比较多，给孩子的鼓励比较少；是否常常将自家孩子

的缺点与别人家孩子的优点相比较？

父母就像一面镜子，如果能多多照见孩子的优点，或者孩子做得好的地方，孩子才会看得见，也会对自己更自信！

3. 亲子互动状态是信号，觉察自己是否给了孩子尊重与信任

很多家长对我说，孩子总是跟父母对抗：盯着孩子写作业，他偏不好好写；越催孩子，孩子越慢；告诉孩子要自己思考，可他还是一遇到难题就叫“妈妈”！

我发现，这些家长有一个相同的模式：**一边指责干涉，一边代替包办。**

一边指责孩子不抓紧时间，一边盯着孩子提高效率；

一边责怪孩子不收拾书包，一边替孩子整理分类；

一边责怪孩子不思考，一边急于给孩子讲题做解答。

很多家长明显比孩子更关注孩子的学习、比孩子更紧张。**家长替孩子背负着学习的任务，发泄着对孩子的不满，却忽略了对孩子的能力培养。**

在家长的责备和否定下，孩子感受到的是不被尊重，不被信任。这种不好的感觉让孩子开始与家长对抗，或者干脆破罐子破摔：你说我不行，我就真不行；你说我磨蹭，那我就磨蹭给你看。同时，孩子在这种经常被“包办”的氛围中，受家长言语的影响，也会从内心觉得自己就是干不好，感到无力又无助。

也许有家长会说：“是因为孩子表现不好，我才不信任他的。如果他自觉又高效，我也会对他有信心啊！”

其实所有的孩子都一样，都想变好，但又自控力弱、没有时间观念、贪玩……而家长的教育方式，会决定亲子互动最终是走向正循环还是走向负循环。

我有时也会忍不住催女儿心心赶紧去学习，言语中常不自觉地带着不满情绪。后来我发现，越这样催她，她越不开心，越会在写作业过程中磨蹭。我忍住不催她，也许她磨蹭 10 分钟才想起写作业，如果这时我送上一句鼓励，“今天不错啊，妈妈没提醒，你就知道主动写作业了”，孩子就会更有信心，写作业时会更努力地做好；如果她发现自己写作业时间太长，没时间玩，也会请求我与她一起想办法进行时间管理。

前者就是负循环——家长催促，孩子反抗，家长不再信任孩子，只能再次催促。

后者是正循环——家长等待孩子积极主动（或被简单提醒一句）去做事，孩子迈出一小步，家长就进行鼓励；受到鼓励，孩子有动力做得更好；因为孩子做得好，家长更信任孩子！

亲子互动模式是负循环还是正循环，差别就在于家长是否从内心相信"孩子也希望把事情做好，希望自己是优秀的"，能否敏锐地发现孩子做得好的部分并及时予以鼓励。

人性是复杂的，可以说，每个人身上都有"天使"的一面，也有"魔鬼"的一面，孩子也不例外。**如果我们更多地看见孩子"天使"的那一面，孩子就有动力做得更好，展现更多的美好；如果我们不断激发孩子"魔鬼"的那一面，孩子也会对自己失去信心，陷入恶性循环。**

以上，我们主要对孩子学习出问题的原因进行了梳理，可以说是一种清晰的"诊断思路"。在孩子学习出问题时，我们可以按照马斯洛需求层次理论，一级级地进行筛查，判断孩子是生理需求没得到满足，还是没有安全感？是社交方面存在困扰，还是没有感到被尊重，或者是不够自信？通过筛查，找到自家孩子的"卡点"，进而确定下一步的行动方案。

内容小结

孩子学习出问题，并不仅仅在于知识点没掌握，我们可以根据马斯洛需求层次理论，一层层地分析、探索孩子学习出问题的原因。

1. 生理需求没得到满足。活动、课外班安排得太多，长期睡眠不足影响了孩子学习的状态与效率。
2. 安全需求没得到满足。孩子缺乏安全感，导致很多情绪内耗，父母要反思孩子的成长历程并进行调整，注意识别孩子的需求，及时给予满足。
3. 社交需求没得到满足。如果孩子在社交方面存在困扰不知如何应对，也会影响其学习。这时，最重要的是，父母要确保亲子沟通的顺畅。多倾听，孩子才愿意说。
4. 尊重需求没得到满足。父母需要分析，是孩子能力欠缺等客观原因导致孩子不自信，还是亲子沟通方式不当导致孩子因主观原因缺乏自信，同时也要观察，是不是自己“一边指责一边包办”的教育方式最终损害了孩子的自信，让孩子感到不被尊重。

实践出真知

觉察：想一想你的孩子学习出问题的原因可能在哪里？

行动：针对自家孩子学习出问题的原因，想出至少1～2条行动方案。

陪孩子写作业，父母该做什么，不该做什么

在孩子小的时候，很多父母每天都会陪孩子玩游戏、读童书、做手工，做到高质量陪伴。进入学龄期后，孩子在家的时间有一部分就要用于写作业。这时，父母对孩子的陪伴活动中也增加了陪孩子写作业这一项内容。

不过，可别小看了父母陪孩子写作业，只要方法得当，陪孩子写作业也是一种高质量的陪伴！

父母在陪孩子写作业的过程中，对孩子存在的问题做出的不同反馈和应对，会给孩子带来截然不同的影响。

你是每天督促孩子学习，还是着重于培养孩子的自我管理能力？

你是经常情绪失控，还是能客观看到问题，引导孩子去解决？

你是看到孩子犯错就批评，还是会带着孩子复盘，帮助孩子形成成长型思维？

如果我们每天坚持以正确、科学的方式与孩子互动，那么就能通过陪孩子写作业这件事儿，培养孩子让其受益一生的能力与品质，比如抗挫力、规划能力、解决问题的能力、积极的心态等。这将会是我们留给孩子最宝贵的财富。

首先要弄清楚，父母陪孩子写作业时扮演的角色是什么，陪孩子写作业的目的又是什么？

在陪写作业这件事上，父母不应该是监工，也不应该是助教，而应该是观察者、支持者与引导者。陪写作业的最终目的是：不用父母陪，孩子也能自主学习。

我相信大家都是认同这一点的，只是没有将这个目标清晰化，在具体执行时就难免会偏离初心。

一、父母陪孩子写作业，不该做什么

1. 随意打断，批评建议

很多时候，我们都没觉察到自己每天都在做着“助教”的活儿。

孩子写作业时，我们看到孩子做错、读错的地方就立即指出来，错的多了我们还会忍不住发脾气；

孩子写作业时，我们不停地纠正孩子的坐姿、握笔姿势。

我们这样做，是在追求过程中的“正确”，看似在帮孩子发现问题、培养好习惯，其实干扰了孩子的思路，影响了孩子的专注力，还破坏了孩子的心情。

2.“夺命”大催促

还有的时候，我们变成“监工”，紧盯着孩子的一举一动，丝毫不放松。

当然，孩子有时候的确做事慢，缺乏目标感，让人看着着急。这一方面是因为孩子年龄小，做事能力确实有限；另一方面也可能是因为孩子没有内驱力、缺乏专注力、太疲惫等。作为家长，我们要细心找到原因。

遇到孩子磨磨蹭蹭，家长往往会忍不住催促。如果家长任着自己的性子来，一晚上催孩子十几、二十遍，久而久之，会严重破坏孩子对学习的主动性和内驱力，导致孩子催一下动一下，甚至催几下才动一下。同时，还会影响孩子的自我认知，他会从我们的言语中渐渐认定自己是一个“干什么都慢，干什么都不行”的人。

那么，我们应该怎样做，才会让陪孩子写作业变成一种有意义、高质量的亲子陪伴呢？

二、父母陪孩子写作业“五步走”

1. 闲谈交流 + 当天任务规划

孩子放学后，父母要做的第一件事，就是先卸下孩子的“情绪包”。大家可以想象一下，孩子在学校待了一整天，一定会有一些开心的、不开心的、紧张的、有压力的或新鲜有趣的事儿。这时，孩子就好像背着一个“情绪包”，里面放着各种各样的想法和感受。

那么，我们见到孩子时，最好先帮他把“情绪包”卸下来，比如和孩子一起玩个“今日之最”的游戏，轮流说一说，今天遇到的最好玩、最开心、最难过、最傻的事情分别是什么。

很多父母反映不知道怎么和孩子沟通。其实，大家就记住一点，**沟通的前提是学会倾听。当我们愿意倾听，想去了解孩子、关心孩子时，沟通就成功了一大半！**

我们主动倾听孩子，一方面能养成亲子间互动、交流的习惯；另一方面也能帮孩子疏散情绪，让孩子学习时更加专注、高效。

等孩子的“情绪包”卸下来之后，我们就可以让孩子自己规划一下晚上的学习安排。

在后面的时间管理模块，我们会讲到怎样与孩子一起制定大目标，小目标。有了这些规划，孩子就会知道每天晚上应该做哪些事儿。

建议在晚上开始写作业前，让孩子简单画一下“思维导图”，把接下来具体要完成哪些任务、如何排序、中间休息几分钟，都清晰地画出来。

画思维导图花不了几分钟，却能锻炼孩子统筹安排任务的能力，也能让孩子对当晚的学习任务做到心中有数。

在孩子画思维导图时，我们可以提前与孩子约定，如果他在写作业过程中不小心走神了，我们怎样提醒他是他能接受的；也可以提醒孩子休息时用计时器倒计时。

如果家长发现孩子写作业走神就直接提醒孩子，孩子有可能会抵触，但如果事先有约定，孩子就会更愿意接受。

2. 观察孩子的学习状态

孩子学习时，我们可以坐在孩子旁边看自己的书或处理工作事务，也可以在其他房间忙自己的事儿。

如果孩子当前的学习任务比较难，或孩子处于刚刚开始写作业的阶段，需要家长的帮助，我们可以陪在孩子身边。这时，我们不要随时打断孩子，而要注意观察孩子的学习状态。

孩子读分级读物时读错了好几个单词，我们可以在一边简单地记录这些错误；

孩子做完口算题，帮孩子判完对错之后，记得留意孩子的易错点是哪些；

孩子的学习状态怎样？遇到困难时喜欢含混过去还是停滞不前；

孩子写字的笔顺是否正确，写字姿势是否端正？

当我们发现孩子存在某些问题后，可以在孩子空闲时向孩子反馈。不过，不要一次反馈太多点。一段时间之内，能集中帮助孩子养成一两个好习惯就不错了。

观察的目的，是要做到对孩子的情况心中有数。而要纠正孩子

的行为，是需要有节奏、有规划地慢慢来的。

3. 必要时提供支持

蒙特梭利教育法有个核心的理念，它要求教师最基本的素质就是要学会观察孩子，在孩子需要支持时才提供支持。

陪写作业这件事也一样，父母学会观察后，适时向孩子提供支持，这里的支持包括实际的支持及精神上的支持。

当孩子遇到不会读的字、不能理解的题意、不能确认的知识点，需要我们帮助时，我们可以向孩子提供支持。不过，我们要始终记得，**陪写作业的目的是，将来孩子不需要我们陪，也可以自主地高效完成作业。**当孩子问我们一个问题时，我们需要给他的不是一个简单的答案，而是解决问题的思路与方法。

比如，孩子不太理解题目的意思，我们可以先用提问的方式，让孩子来猜一猜题目的意思是什么，为什么？然后再与孩子讨论。

之前，女儿心心写作业时一遇到不认识的字就来问我，我会让她先将不认识的字圈出来一起问，后来，我又教会她使用词典笔，不认识的字自己用词典笔识别一下就好了。

那么精神上的支持是什么呢？

以心心学钢琴为例。有一次，我送心心去上钢琴课，老师问我："心心每天在家怎么练琴？"我回答："就她自己一个人练。"老师很诧异："没有人陪她吗？"我说："没有，我怎么陪她，我连五线谱都不认识，我也没有音乐细胞，我们家只有她一个人会弹钢琴。"

心心的钢琴老师是一位钢琴家，对如何教孩子有自己的一套方法。她对我说："你不会弹没关系，但你可以偶尔在旁边陪陪她，打打节奏，关心关心她有什么问题，这些都是可以的。练琴本来就不容易、不简单。她每天一个人面对这么难的事情，多孤单啊！"

培养孩子独立完成任务很重要，但钢琴老师说得也很有道理，孩子的学习需要父母的参与。哪怕我们无法提供实际的帮助，多关心关心，体会体会孩子学习的感觉也是好的。**亲子沟通中，最怕的是父母失去了对孩子的同理心。**

只有投入了精力，我们才会发现"孩子挺了不起的，这么复杂的曲子都会弹了"，也能感受到孩子的不容易，"她已经克服了这么多的困难，让我们学，我们还不一定比她强呢"！

只有真真切切地换位思考，感受孩子的感受，才能换来亲子间的理解，及时给孩子鼓励与支持！

4.“鸡蛋里挑骨头”般的鼓励

永远别忘了为孩子鼓掌！

对于鼓励孩子，我们要有“鸡蛋里挑骨头”的精神。因为我们看见什么，什么就会被留下。

孩子再小的进步，都值得被关注。鼓励，远比批评、纠正孩子更有意义。

心心养成了习惯，每天放学回来休息前先定 15 分钟倒计时，时间一到就去写作业。

有一次，她看到倒计时时间快要到了，就立刻拿起书包去书房了。

看到这一幕，我就自然地表达了出来，“呀！今天闹钟还没响，心心就开始学习了！”

结果，第二天、第三天，她都会在闹钟响之前提前去学习。

当然，孩子成长的过程会有阶段性的反复，可能第二天、第三天表现很好，但第四天又开始磨蹭。出现这种情况是不是意味着鼓励没有用呢？并不是，反复是正常的，人都有懒散不想动的时候。

家长们通常会有两种不同的思维，一种是批评思维，也就是习惯盯着孩子做得不好的地方，一发现孩子有做得不好的地方就批评；另一种是鼓励思维，理解孩子有做得不好的地方，一发现孩子有做得好的地方就鼓励。

有批评思维的家长，总给孩子扣分；有鼓励思维的家长，不断给孩子加分。久而久之，总被扣分的孩子不想再努力争取家长心中的高分了，也对自己失去了信心；而不断被加分的孩子会期望自己做得更好，他们对自己也更有自信。

毕竟，**每个孩子一开始都是乐意去达成父母期望的。**

“要及时鼓励孩子”已经是教育中的陈词滥调了，可是我们真的做到了吗？**很多时候，我们不是不了解正确的方法，我们欠缺的是将简单的事情做到极致。**

5. 每日睡前复盘

在孩子写作业的过程中，不要总批评、说教、催促。对于孩子哪些地方做得好，哪些地方做得不好，可以在睡前进行每日复盘。

具体来说，可以和孩子一起聊聊以下三个问题。

① 今天哪些地方做得好；

② 今天哪些地方还可以改进；

③ 今天收获了什么。

建议家长和孩子轮流说，各自复盘自己的一天。这样的复盘长期做下去，能够帮助孩子培养成长型思维——他不会过度在意某一天的表现如何，而是会把每一次经历都当作改进的机会。

“成长型思维”这个概念是美国斯坦福大学心理学家卡罗尔·德韦克提出的，与之相对应的是固定型思维，她认为，思维方式会大大影响人的一生。

固定型思维的人认为，人的智力、能力是天生的，很难改变；成长型思维的人则相信通过奋斗、学习，可以让自己变得更好。

所以，在遇到人生困难与挫折时，固定型思维的人更加容易逃避和放弃，把精力放在指责他人或自责上；成长型思维的人相信可以通过学习和努力去改变自己的境况，因此他们会不停地改进和尝试。

一个人思维方式的形成，主要与父母和老师的反馈与引导有关。

如果我们不再将注意力集中在对孩子现有水平和表现的评价上，而是集中在如何发现问题并进行改正上，孩子就更容易形成成长型思维。

睡前复盘就是一个帮助孩子发展成长型思维的好方法。需要注意的是，孩子进行自我反思时，家长要多给予认可，也可以在认可的基础上提出一些建议，但一次不要提太多。要相信孩子的自我反思能力。

同时，家长也要进行深刻、真诚的反思，而不是为了完成任务走形式。养育孩子的本质是父母和孩子的双向成长。

建议大家试一试本节的陪写作业“五步走”。相信这样践行下去，我们陪写作业时间不会再有“鸡飞狗跳”的情况，而会充满快乐和联结感，孩子也会有满满的收获，最终，我们一定可以培养一个能够自主学习的孩子！

内容小结

1. 父母的角色定位：不做监工和助教，要做观察者、支持者和引导者。
2. 父母陪写作业过程中不该随意打断孩子或对孩子提出批评、建议；忌“夺命”大催促。
3. 父母陪写作业“五步走”：闲谈交流＋当天任务规划；观察孩子的学习状态；必要时提供支持；“鸡蛋里挑骨头”式的鼓励；每日睡前复盘。

实践出真知

觉察：这一小节探讨的内容中哪些是你做得好的地方，哪些是你需要再改进的地方？

行动：试一试陪写作业“五步走”，感受一下当晚的陪写作业过程有什么不同。

第二章 Two

激发学习内驱力

孩子不想学习，成天只想着玩，怎么办

你家孩子是不是这样的：

放学回到家，你让孩子写作业，他说，要先玩会儿；

玩的时间结束了，你提醒他该学习了，他不开心，说没有玩够；

晚上写完作业该睡觉了，他大哭，今晚没有玩好！

孩子满脑子都想着玩，很多家长都因此很苦恼。

孩子有没有可能主动将学习排在“玩”前面，对学习充满内驱力呢？

我肯定地告诉你，这是可以的。看完这一小节的内容，你就会有一套完整的思路。

一、接纳孩子对“玩”的需求，同时让孩子明白学习的意义

我们要认识到，“玩”是孩子天然的需求。

当我们接纳了孩子这种需求，我们就可以去共情孩子：“是呀，每个人都想玩，妈妈也一样，我喜欢和朋友聚会，喜欢刷手机，有时候也会不想工作和学习。”

为什么要接纳这部分呢？接不接纳有那么重要吗？

当然重要！**当我们内心无法接纳孩子对玩的需求时，这种不接纳会从我们的语言、态度中流露出来。**

我们也许就会责怪孩子：

“又不是我的事情，你要为自己负责啊！”

“你看 ×××，每天回家要做好多功课、上那么多补习班，你呢？还想着玩！”

如果我们经常这么说，孩子可能就会潜移默化地渐渐认同，“对哦，我真的是一个不爱学习、不会自我负责的孩子”。同时，孩子喜欢玩、想玩的感受又是真实存在着的，这会让他一方面怀疑自己不够好，另一方面又不自觉地想反抗我们的说教。

总之，**我们越否定、越打压孩子对玩的需求，孩子越会让我们看到“玩”对他有多重要。**

所以，我们首先要接纳孩子的自然需求，这样，他内心的冲突也就消失了。

然后，我们可以继续问问孩子：“每个人都很想玩，你觉得为什么我们需要工作和学习呢？”

注意，这时不要想着和孩子讲大道理，而是真的要好奇孩子会怎么想。孩子可能会说“我不知道”。我们可以继续坚持，让孩子猜一下！如果孩子仍说“不知道”，我们可以启发孩子：“你猜如果我们都不学习，都不工作，世界会怎样？”

我们可以把这个过程当作在和孩子玩一个“想象”游戏，尽管展开想象：每个人都不学习、不工作的世界会怎样。

我想到的是，如果不学语文，那么我们就不会有那么多好书、好故事可以读，人类的智慧也无法保存下来，代代相传；如果不学数学，那么我们都无法买东西，不知道怎么算账，乱成一团；如果大家都不工作，我们的生活会有太多太多的不方便，我们就无法享受商业带给我们的便利。

同时，我们还可以更加具体地与孩子聊聊，为什么爸爸妈妈要去工作。

类似这样的讨论和交流特别有意义，它能帮助孩子从小树立正确的人生观、价值观。

比如，我就会告诉孩子，我为什么要做我现在的工作呢？

这份工作很辛苦，经常一连讲好几小时课，累得腰酸背痛；我写书那段时间，腰椎特别疼，但还是一写就一上午；为了提升专业度，别人去玩的时候，我把时间都花在看书上；前几年带孩子，自己的时间很少，早上无论多困，都会坚持早起，就为了能多一些时间工作。

难道我不喜欢玩，不喜欢睡觉和放松吗？

不是，我这么努力地工作，是因为我觉得我的工作很有意义，我通过讲课和写文章，可以让更多的孩子被理解，让更多的父母得到支持。虽然辛苦，但我很有成就感。

也许你会说："我的工作好像没有这样的意义。"并不是这样的，我们每一个人，在自己的岗位上做好自己的事情，就在为他人提供方便，提供帮助，这也是我们生活的意义。

记得还有一次，心心问我："妈妈，生孩子是不是很危险？"我说："对呀，生孩子会有突发情况，另外，并不是每个人都能生出健康的孩子，有的孩子先天残疾，或有先天疾病，这对于家庭和孩子来说都是非常不幸的事。"

听到这里，心心的心情开始沉重起来，她问我："妈妈，我能为他们做点什么呢？"我说："你长大了可以做公益，但重要的是，我们要感恩，我们拥有这么健康的身体，正常的智力，所以我们更要发挥自己的价值，为这个世界做更多的事。"

对于生活中的很多事情，都可以与孩子展开这样的讨论，让孩子从小就知道，生命的意义在于为他人提供帮助。正如阿德勒所说，生命的意义，在于"他者贡献"。在帮助他人的过程中，收获人际关系带来的幸福感，以及自我的成就感。

有了这样的基础价值观，孩子自然会明白，当自己能力更强的时候，就能更好地帮助别人，那么学习、写作业，这都是基本的事。

当我们通过日常不同的场景对话，一次次把这种信念种在孩子的心里时，他们的人生就有了一颗"引导之星"，在将来迷茫、困惑的时候，只要抬头仰望，就不会迷失自己。

我们帮助孩子树立积极正向的价值观，让他们对自己的人生有愿景，这是非常重要且必要的。但是仅仅有这些就够了吗？并不够！

我们谁不想成为厉害的人、伟大的人呢？只是一到行动时就将愿景抛之脑后，缺乏必要的自控力，这时我们就要想办法激发孩子的自主动机。

二、激发孩子的自主动机

什么叫自主动机呢？就是我们自己发自内心非常想去做某件事，而不是在别人的要求下才去做。当我们有这种感受时，就是对做这件事有自主动机。

孩子并不是对每件事都有自主动机，比如：

刷牙洗脸，快速收拾好自己，出门上学；

保持专注力，高效完成作业；

收拾好房间，保持整洁。

对于这些事，孩子没有天然的动力，但我们却非常想让孩子做到。那怎么办呢？

我们要做到以下三点。

第一，当我们想让孩子做一件事时，首先要觉察到这是我们想让孩子做的，而孩子不一定有自主动机；

第二，站在孩子的角度想一想，或直接与孩子讨论，寻找他的自主动机；

第三，有些自主动机需要家长去创造，想一想，什么样的事情或画面能激励孩子更有动力。

之前，我听说心心班里有个学习成绩特别好的孩子，放学回到家，在小区玩一会儿，他都觉得浪费时间，想尽快回家写作业。他的学习动力让我惊叹不已。后来我才知道，写完作业，他的妈妈会让他看他喜欢的纪录片，或者定时玩几分钟游戏。孩子知道快速写完作业可以做自己喜欢的事情，自主动机就产生了！

于是，我也试着和心心商量，我问她："你觉得理想的晚上是怎样的，写完作业你还想干点什么？"

这么一问，心心很开心，她说她想看会儿纪录片、想和妈妈玩游戏、想做手工……还有段时间，她想多出些时间做读书海报，好拿到班级读书节的门票。

所以大家看，孩子是会有自主动机的，只是有时候我们没发现而已。

当然，确实有些时候，孩子找不到自主动机，需要我们家长去寻找、去激发。

比如，我们希望孩子读更多的英文分级读物，孩子不愿意，那么我们可以告诉孩子，你读书的时候，我给你录下来，在网上建立一个你专属的音频节目。孩子没准儿会有些兴趣，之后当孩子发表的音频作品多了，渐渐得到“点赞”、评论、关注，孩子就会越来越有动力。

再比如，孩子练琴总有倦怠期，我们可以建议孩子好好练，到期末班级演出时可以和最好的朋友一起来个钢琴演奏，四指连弹。如果孩子感兴趣，就可以组建一个练琴小组，和好朋友互相督促练琴。

这样，很可能某条建议就戳中了孩子的心窝，让孩子产生了自主动机。做到了这一步，我们就兼顾了遥远的梦想及当下的情境，让孩子充满内驱力。

不过，孩子对有些事情确实很难产生自主动机。比如以下这种情况。

孩子写完作业、看完纪录片，到睡觉时间了，我们希望孩子按时洗漱。

这时，怎么才能让孩子觉得睡觉这件事比看纪录片还好玩呢？

三、为孩子立界限

养育孩子的过程中，常常会遇到这样的情况：孩子有孩子的需要，但家长也有家长的要求。这时的关键在于，我们如何协调这两者的关系。

如果孩子希望晚上写完作业后所有的时间都由自己支配，全部用来看电视、打游戏，我们担心“拒绝他”会影响他学习的积极性，但又觉得这么安排太宽松，希望他能将更多的空闲时间用来阅读，这时怎么办？

又比如孩子看电视，约定好的结束时间到了，孩子却一再要求再看一会儿，不肯去洗漱，怎么办？

这些问题，就不再是为孩子寻找自主动机的问题，而是养育中的界限问题。我们需要直接给孩子立规矩，比如：

放学回到家可以休息，但休息时不可以看电视或 iPad；

晚上 9 点必须准时睡觉；

每天只能看 20 分钟纪录片；

每天需要有 20 分钟的阅读时间。

随着养育理念的转变，有的父母走入另一个极端，给孩子太多的自主权，什么事都和孩子商量，对孩子百依百顺，自己有要求却不敢提。她们要么指望着孩子体验“自然后果”，自己觉悟，要么太照顾孩子的情绪感受，忘记了做家长的责任。

一位妈妈曾向我诉苦说，孩子回家后总是玩，不主动去写作业，自己提醒几次也没有用，于是她就从 6 点等到 7 点，又等到 8 点、9 点，已经到了该睡觉时间，孩子还没开始写作业，她心想，让孩子自己去承担这个后果吧！让孩子自己去跟老师解释，没准就长记性了。可是学校的老师对作业的要求并不严格，第二天，孩子也没有感受到不写作业会有什么严重后果。所以这位妈妈很着急，不知道怎么办才好。

我问这位妈妈，“你等了这么久，难道内心不煎熬吗？”

她叹了口气说：“当然煎熬！我感觉时间过得特别慢，看孩子那不着急的样子我就难受！”

我笑了笑说：“你可以给孩子立规则啊！比如‘放学到家休息 15 分钟，就开始写作业’。可以直接、清晰地立规则的事情，为什么非要让孩子体验自然后果呢？”

这位妈妈恍然大悟。

是啊，任何人都是有惰性的，我们设立直接、清晰的规则相当于给了孩子一个强大的外力，推着他去行动。在孩子完成作业后，我们可以再和他说："你看，你 6 点多就开始写作业，为自己赢得了 30 分钟的玩耍时间，你现在想玩什么？"也可以顺便问问孩子，"现在写完作业再玩，是不是比没写作业时磨磨蹭蹭地玩，心里更踏实呀？"

这一步的关键点在于，我们要将这个小成果"归功于孩子"，而不是来一句"是不是该听我的"或"你就说我管你对不对"，没有孩子愿意承认，被迫服从管教是对的选择，哪怕他体会到了最终的好处。

归功于孩子，我们突出的是孩子当时的"自控力"，让孩子感受到因为自己采取了正确的行动，所以产生了好的结果。这样，下一次他会更愿意重复同样的行动。偶尔让孩子体验自然后果是可以的，但不能太多，过多的负面体验可能会让孩子陷入"无助"的情绪中，更难培养孩子的自控力。

在养育孩子的过程中，父母要有意识地多给孩子创造正反馈，让孩子感受到，好的行为带来好的结果。这样，孩子的自信心、胜任感就会越来越强，就能接受更大的挑战，想表现得更好！

当然，我们给孩子立规则，要遵从"最小介入原则"，一定要在我们觉得非常有必要的问题上，才立规则。孩子能享有充分自主的空间，能有一定程度的选择权，才会愿意遵守有限的规则。

有些规则定好了直接执行就行，比如每天看多长时间电视，什么时间能使用电子产品；还有些规则，孩子不一定会当回事，比如，晚上睡觉时间。我们规定孩子 9 点上床睡觉，可孩子就是不想睡，磨磨蹭蹭，怎么办？

对于这种情况，我们要让孩子知道我们是有边界的，也就是说，**我们无法决定孩子做什么，但我们可以决定自己做什么。**

比如，我会和我的两个女儿开玩笑说："妈妈到晚上 9 点就准时下班。9 点前，我可以为你们服务，为你们读书，陪你们睡前聊天，但 9 点以后，我就'下班'了，如果你们在这之前没收拾好，就自己想办法解决。"

如果她们希望我在睡前为她们读一本有趣的书，或者玩个睡前小游戏，那么她们自然就会想办法加快速度，以确保在我"下班"前争取到更多时间。

再比如，心心练习弹钢琴，我每天只让她练习 40 分钟，多 1 分钟都不行，如果没练好，就自己去和老师解释。有了这个边界，她就会努力提升自己的专注力，确保练琴的效率。

这就是先决定我们做什么，再让孩子自由选择他打算怎么做，这也是激发孩子自主动机的方法之一。

在这个方法中，有两点需要注意。

第一点，我们与孩子沟通“边界”的态度直接影响最终的效果。如果我们只是客观地亮出边界，孩子会自己思考下一步该怎么做；而如果我们和孩子沟通时带着情绪，带着改变孩子的强烈目的，孩子也会觉察到，从而可能引起孩子的抵触。

第二点，设定边界后，一定要能守住边界，否则方法无效。比如，到了约定好的晚 9 点“下班”时间，孩子请求你帮忙，你还是答应了，一次两次特殊情况还行，总是守不住边界，孩子就渐渐不再重视我们设立的规则，不再尊重我们所谓的“边界”了。

“不想学习，只想着玩”几乎是每一个孩子都会有的状态，对此，父母学会回应和引导孩子非常重要。有些孩子在父母负面的反馈中渐渐觉得自己是有问题的，是不爱学习的，是差劲的；而另一些幸运的孩子，却可以在父母的引导中学会自我接纳，看到自己内心向好的部分，能一次次体验自控、努力的好处，朝着更好的方向发展。

希望我们的孩子都是幸运的，因为他们的父母一直在为了更好地养育他们努力学习新的、更好的养育方式！

内容小结

激发孩子的学习内驱力，从以下三点做起：接纳孩子对“玩”的需求，同时让孩子明白学习的意义；站在孩子的角度，激发孩子的自主动机；当孩子的需求与家长的要求有冲突时，为孩子立界限。

实践出真知

觉察：找一件我们不催孩子就不做的事情，尝试站在孩子的角度找出他的自主动机。

行动：睡前或接孩子放学时，与孩子聊一聊工作、学习的意义。

孩子不主动写作业，怎样让孩子学会自我负责

让孩子学会自我负责，有内驱力，可以说是陪写作业这件事的最终目标。很多父母都认同这一点，但在日常生活中的做法却常常与这个目标南辕北辙。

比如：

过度承担孩子的学习责任，对孩子的学习比孩子还着急、还操心；

为了让孩子快速完成当天的作业，冲孩子发脾气或上演“夺命”大催促。

当我们这么做的时候，要意识到，也许孩子当天能完成任务，有即时效果，但长期下去，会严重破坏孩子的自主动机，无法让孩子学会自我负责。

那么，怎样让孩子学会自我负责呢？关键在于，**帮助孩子找到**

他内心认同并希望达成的学习目标。

心理学家爱德华·托尔曼和库尔特·勒温认为，人类的行为都是有目的性的，也就是说，有动机的行为是指向结果的。当人们预期自己能达到目标时，他们就会行动。通过指向目标，人们将行为保持在正轨上，并且能够持续评估他们是否正在取得进展。

想一想，是不是这个道理？

我们为什么面对美食能忍住不吃，可能因为我们有一个月减重5千克的目标，希望自己瘦下来，更精神、更健康。

几年前，我为什么会早上5点起来写公众号？那是因为我有“30岁出第一本书”的目标，为了实现目标，再困都要爬起来。

孩子也是一样，没有目标的孩子，学习状态混沌一片，他不清楚自己每天学这个、学那个是为了达成什么，自然不会有很强的内在动力；相反，有目标的孩子，他清楚现在每一天的自律，都是为自己想实现的目标添砖加瓦。

目标，就像我们在大海中航行时的灯塔，给我们期盼与希望，也是我们一路风雨兼程的动力所在。既然目标如此重要，那么在孩子学习这个问题上，我们如何与孩子沟通出双方都认可的目标，怎样制定一个具体的好目标，以及为了达成目标，如何保证计划的执行呢？我们分为四步来一一阐述。

一、通过提问和给予选择，沟通出双方都认可的目标

在开始前：我们可以想一想，现阶段孩子最需要提高的是什么。是写作业的速度与专注力，还是战胜学习时的畏难情绪？是养成好的学习习惯，还是综合提升各科成绩？

我们先抓住 1 ~ 2 个最重要的点，和孩子一起制定目标。

在制定目标的时候，父母容易走向两个极端。一种是直接给孩子订好计划，强制孩子执行，没有任何商量的余地，如果在执行过程中孩子觉得任务太多、太难，父母也不会进行相应的调整，长此以往，会加重孩子的畏难情绪，破坏孩子的学习兴趣。另一种是父母处处和孩子商量，自己没有整体的思路和坚持的原则，时间久了，会让孩子养成“什么事都要谈条件”的习惯。

恰当的方式是父母把握大方向，心中有思路，同时也考虑到孩子真实的能力水平，制定目标时多问问孩子怎么想，孩子没想到的部分，父母再提出自己的想法并与孩子讨论。

前段时间，我和心心关于如何利用课余时间综合提升各科成绩定了一个学习目标。

我先邀请心心，“我们来讨论一下每天放学后及周末怎样在家里安排好各个科目的学习吧！课堂学习是一部分，如果课后能高效地学习更多的东西，你的学习成绩会更好！”

心心觉得可以，于是我继续说：“来，我们一起看看，要想学好语文，你觉得除了完成老师要求的作业，课后还需要做什么？”

心心想了想，回答说：“多阅读！”

“没错，我也是这么想的，但我觉得还有一点也很重要，就是空闲时写一写日记，一方面能记录生活，另一方面也能锻炼组织语言的能力和思维能力！你觉得怎样？”

“可以，妈妈！只是有时候我不知道写什么。”心心说。

“没关系，妈妈也会帮你一起想的，我们可以一起来发现生活中有意思的事情并将它写下来。我们再来想一想，对于提高英语成绩，我们可以做什么？”

“多读书！多听音频！”

“是的，你想读牛津树，还是新概念？”

“牛津树吧，牛津树比较有意思！”

“好的，可以。”

接着我们又一起讨论如何提高数学成绩。最后决定要每周做一做数学练习题，读一读数学读物。

好，到这里，就基本制定出了我和孩子都认可的学习目标。

不知道大家注意没有，在这个过程中，我和心心一开始就统一了目标，那就是要合理利用课余时间更深入地学习，从而提升各科成绩；接下来，我通过“提问+给予选择”的方式，让心心多参与、多表达想法。

如果孩子在一件事上有选择权、有自主感，她就会感到这是在为自己努力，在做自己需要做的事情，也就能激发孩子的责任感。同时，对于孩子没想到的方面，我也会表达自己的想法，比如她没有想到要写日记，但我觉得写日记很重要，我就会提出来与孩子商量。

也许大家会说，我们家孩子不配合，跟他说定目标，他根本不感兴趣，该怎么办？如果是这种情况，我们可以从以下几个方面进行反思，找到原因。

1. 以往在定目标或执行计划的过程中，孩子是否有不愉快的体验

比如：

定了目标，孩子在执行计划的过程中没做到，我们就否定孩子；

订的计划太多，又不能调整，没有商量的余地，让孩子不自觉地把“目标”与“压力”联系在了一起；

…………

如果是这些原因，我们可以与孩子进行真诚的沟通，接纳他的情绪。必要时，也和孩子说一说我们对这件事的反思，之后会进行怎样的调整，让孩子明白，父母也会有考虑不周的时候，但能从“错误”中成长，及时调整，也是我们在这件事中的收获。

只有处理好孩子的“旧伤”，才能让孩子踏上新的征途。

2. 孩子对自己失去信心，不相信能完成目标，不想再尝试

出现这种情况，可能是孩子之前有很多失败的经历，或者接收到别人对他的太多负面评价，导致其自暴自弃。

成年人也一样，如果我们每年都完不成年初定的年度目标，如果我们连一件小事都完成不好，周围的人对我们也不认可，渐渐地，我们就不再相信自己。我们会想，什么时间管理、新的工作目标，还是别提了吧，我不感兴趣！

如果你的孩子有这种情况，一定要在生活中多鼓励孩子，对孩

子每一点做得好的地方都要对他说出来并借机给予鼓励，逐渐改变孩子对自己的认知；帮孩子制定目标时，先共情孩子的心情，表达对孩子的信任，让孩子从一个小目标开始做起，慢慢积累成功经验。

二、根据 SMART 原则制定目标，将目标具体化

制定了目标却执行不好，有可能是因为目标不够具体、清晰、可落地。

比如“多阅读、多听英语”这样的目标会给人含混不清的感觉。

在这里，要给大家分享一下制定目标的 SMART 原则。这个原则来自管理学，强调合格的目标要符合以下 5 点。

1. 明确具体

比如：能一次跳绳 200 下。

2. 可衡量

比如：每天阅读 30 页课外读物。

3. 可实现

目标不要定得太高，要考虑到孩子现阶段的能力水平等局限。

4. 相关性

比如：提升孩子的语文素养，要大量阅读，这就是相关性。

5. 时限性

一开始就要明确多久内要完成什么任务。

比如：1 周听英语时长 2 小时，3 周读 12 本分级读物。

我们要与孩子一起将目标进一步具体化，在讨论具体目标的过程中，仍要遵循“多提问、多给孩子选择”的沟通原则，意见不一致时，可以商量。

三、和孩子一起预想可能会出现的困难，提前约定好如何提醒

这一步至关重要。提前预想困难，并商量好对策，那么在执行

计划的过程中出现问题时，我们再去提醒孩子，孩子就不容易逆反、有情绪。

我们可以这么和孩子说："现在我们已经定好详细的目标了！如果每天都能按照这个计划顺利执行，我都能想象到一个月后，你会变得有多厉害！"还可以讲得更有画面感："到时候，我猜你的小脑袋瓜里就会塞满有趣的故事，你可以旁征博引，出口成章，你写的日记没准还能被老师当成范文在班里读呢！"

这么说了之后，孩子一定很开心，动力满满。

接下来，我们就可以开始泼冷水："但是，你知道吗？有了目标，并不是每个人都能做到，大多数人都会在执行计划的过程中被各种各样的困难打败，所以，我们来想一想，实现目标的过程中可能会遇到哪些问题呢？"

这时，我们就可以和孩子一起头脑风暴了。

比如：

回到家先休息，可一休息就不想开始写作业了；

写完一项作业休息 5 分钟，可 5 分钟到了，还是不想动；

周末安排出游，没法完成学习任务；

写作业的过程中开小差，磨磨蹭蹭，忘了时间。

……

我们与孩子一起将想到的困难都写下来，然后对孩子说，“这些情况都很正常，妈妈有时候也会订了计划不想做。我也知道，如果这时有个人在旁边不停地催，会更烦躁，所以我们一起想一想，遇到这些情况，我怎么提醒你比较好？”

这时我们可以发挥创造力，与孩子一起想出一些花样提醒方式。

比如：

和孩子一起做个提示牌，孩子不想写作业的时候，家长举牌提醒；

当孩子开小差、磨蹭时，就当小机器人出故障了，家长来检修，帮助“机器人”关机重启，让孩子恢复专注力；

与孩子一起编一首“开始写作业”歌，孩子不想写作业时，家长唱歌提醒；

约定提醒暗号，一个词、一个手势或一个好玩的音效都可以。

这种游戏化的方式，孩子会很喜欢，不仅不反感，还能开心地投入学习中，让挑战轻松化解。

我们和孩子沟通并制定好目标，也商量好出现问题怎样应对，接下来就是执行实现目标的计划。

在执行计划的过程中，可能会出现这样那样的问题，比如：

孩子抱怨事情太多做不完；

我们按照约定提醒了，孩子还是觉得烦；

努力了几天，新鲜感消失后就没有执行力了。

如果遇到的这些问题不严重，要允许孩子的状态出现波动；如果有必要，也可以与孩子约好进行一次复盘。

记住，**目标是可以调整的，困难是可以商量着解决的。就事论事，不要轻易否定孩子，也不要太放纵自己的情绪。因为我们对孩子的每一次反馈都会在他生命中印上或深或浅的烙印。**

四、做目标进度表，让过程有可视化反馈。

制定了目标，就好像我们的旅行有了目的地。可去往目的地的过程中，难免会有偏航的时候，也会有懈怠忘记目标的时候，这时，制作目标进度表就很有必要了！

什么是目标进度表？顾名思义，它能够清晰地让我们看到相对于达成目标，我们现在走到了哪里，进度是超前还是滞后。

与孩子一起制作目标进度表，我们也可以充分发挥创造力。

我们可以画一棵苹果树，在树上画 12 个苹果，当孩子每读完一本分级读物，就可以把树上的 1 个苹果涂成大红色，代表 1 个苹果成熟了。当孩子完成“3 周读 12 本分级读物”的任务时，12 个苹果都“成熟”了，我们就可以“摘”下来兑换孩子喜欢的东西，或满足孩子一个小心愿。

我们也可以画一些台阶，孩子每完成一项任务，就相当于上了一级台阶，走到最高一级台阶，即达成了目标，就可以收获一份神秘礼物。

还可以直接画进度线，让孩子看到计划的进度在哪里，自己到达了哪里，是超前了还是滞后了。

在这里，我们还需要注意两点。

第一点，观察孩子的状态，如果有的任务对孩子来说很有挑战性，在完成阶段性小目标时，可以给孩子发个小奖状，同时要记得肯定孩子在此期间付出的努力及体现的品质。

第二点，给孩子定目标，时间跨度不要太长。幼儿园的孩子，一个目标用一周的时间来实现就很合适，小学 1 ~ 3 年级，定目标的时间跨度一开始也不要超过 1 个月。

我们宁可先积累成功经验，再定新目标，也不要从开始就定一个时间跨度很长的大目标。

用这种可视化的方式做目标进度表，让孩子直观地看到进度，孩子在执行计划的过程中就不容易偏航。

很多父母反映孩子学习没有内驱力，那么就从“带孩子定一个他内心认同并希望达成的学习目标”开始吧！将目标具体化，提前预想困难，想好解决办法，做好目标进度表，多管齐下，目标才更有可能顺利达成！

内容小结

想让孩子学会自我负责，关键在于帮助孩子找到他内心认同并希望达成的学习目标。

制定目标的“四步走”方法：

第一步，通过提问和给予选择，沟通出双方都认可的目标；

第二步，根据 SMART 原则制定目标，将目标具体化；

第三步，和孩子一起预想可能会出现的困难，提前约定好如何提醒；

第四步，做目标进度表，让过程有可视化反馈。

实践出真知

觉察：在给孩子制定目标的过程中，你曾遇到过什么问题，现在你有什么新想法？

行动：与孩子一起制定近期目标，并画出目标进度表。

第三章 Three

教孩子学会管理时间

如何制定一个可执行的学习计划表，让孩子自运转

学龄期孩子的家长大概都有一个共同的心愿：希望孩子就像一台全自动运转的小机器人，只要按下开始键，孩子就能自己完成所有功课，一科接一科，有条不紊，完全不用家长操心。

这样的画面虽说有点儿理想化，但也不是完全不可能实现。

我的大女儿心心现在每天能自己一项一项完成作业任务，自己练琴，休息，基本实现了自运转，让我得以有更多的时间陪伴我的小女儿。

但在一年以前，心心还做不到这一点，我时常要陪她写作业，以便及时督促她，帮助她提高效率，学会管理时间。

这一年里我都做了什么呢？就是学会与孩子一起制定可执行的学习计划表！

上一节谈到了如何帮孩子制定学习目标。为了达成学习目标，接下来就需要制定学习计划表，安排好我们每天、每时、每刻需要

做的事。

一、如何制定学习计划表

和目标规划类似，学习计划表也是和孩子一起商量着来制定。

第一步，头脑风暴，列出要做的事情有哪些。

比如，孩子每天放学回到家，要做的事情可能有：休息、吃零食、吃饭、写作业、阅读、练琴、做手工、洗漱等，和孩子一起想，把想到的全部记录下来。

第二步，选出必须做的事。

比如：休息、吃饭、写作业、阅读、练琴、洗漱等。

第三步，给任务排序，预估完成时间。

让孩子给任务排序，他想先做什么，后做什么；同时，预估完成每项任务大约需要多长时间。

这样，一份学习计划表就完成了（图 3-1 为心心的一份学习计划表），是不是觉得很简单呢？你可能会说，我也是这么做的呀！为什么我家的计划表就没办法执行下去，最后都成了摆设呢？

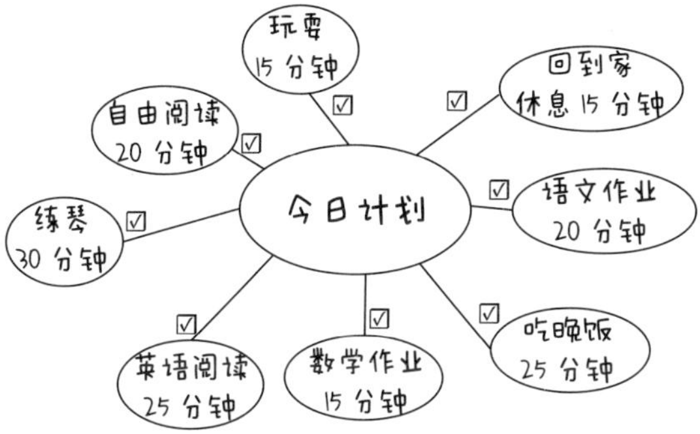

图 3-1　心心的一份学习计划表

二、如何让计划表发挥实际效用

1. 给孩子足够的留白时间

什么是留白时间？就是在某一段时间内，孩子想干什么就干什么，父母不过多干涉。当然，你可以定好规则，规定孩子在留白时间不可以玩电子游戏、看电视等，但可以自由选择阅读、玩游戏、做手工等，也可以什么都不做，无所事事，发发呆。

我也曾和很多父母一样，看到孩子这种状态内心就极度不适，觉得孩子在浪费时间，认为孩子一旦步入学龄期，学习、写作业才是正事，哪怕不学习，最起码也要阅读，干点儿有意义的事情。

后来，我才知道，这是我没有了解“留白”背后的价值所在。

会休息的孩子才能更好地学习。我们班之前有一位妈妈，在学校陪着孩子度过了好几天校园生活，每天跟着孩子一起吃饭，一起学习。后来家长聚会时，她特意告诉我们，孩子放学回到家感觉累太正常了，她体验了几天学校生活，发现学校每天的课程安排得非常紧凑，又是体育课又是文化课，一天下来，运动量足够，知识密度也很大，孩子们很不容易。

我有时接心心放学回家也发现，她在电动车上都能睡着；还有一次，当我责怪她有些拖拉时，她一下子就委屈地哭了，她说：“妈妈，我最近太累了。”

其实，从“精力管理”的角度看，也是这么回事。如果我们白天消耗精力过多，晚上就只想休息休息、看会儿书，干点儿容易的事。

前文说过，**专注力和自控力都是有限的心理资源，当我们在某些事情中消耗了专注力、自控力，就相当于我们在心理资源的“银行账户”中取了钱，取得多了，就会透支；而休息，就是在向心理资源的“账户”中存钱。**

所以，下一次看到孩子在家发呆，无所事事时，我们可以这么想：很好！他在静静地“存钱”呢！在家休息好了，心情愉快，第二天可以有更充沛的精力投入课堂学习。毕竟，孩子在课堂上的知识吸收率才是最重要的。

激发孩子学习的自主动机。经常有妈妈对我说“孩子太磨蹭了，每天都拖拖拉拉到很晚才能写完作业”。如果不是作业太多，那就很有可能是我们没做好“留白”。

没有孩子不想“既学好又玩好”，除非他看不到“可以好好玩”的希望。

那么，怎样让孩子看到希望呢？

一方面，我们答应了“留白时间”就要做到；另一方面，要看孩子的任务量是否合适。

曾经有一段时间，心心每天都做不完作业，她情绪不好，我也感到很无力。删减作业吧，好像也没什么可删的。后来，我将心心完成每项作业实际花费的时间进行了详细记录和统计（注意哦，是实际花费的时间，而不是我们认为的时间），我才发现，在睡觉时间固定的情况下，哪怕孩子中间不休息，也无法完成这么多作业。我才知道是孩子的作业太多了。

之后有一次和心心的班主任聊天，我把这个困扰告诉了她。心心班主任的孩子也上一年级，听我说完，她回应说：“我孩子也一样，各科老师安排的这些作业，我孩子也做不完。”

为什么会这样呢？她告诉我，因为每科老师都站在自己的角度布置作业，有时没有考虑到孩子几门课加在一起的总体作业量。她建议，对于这种情况，家长可以帮孩子做好权衡。

听到班主任这么说，我的心态放稳了不少。除了必做的作业，有一些选做的，我会根据具体情况来安排，能辅助孩子的也提供一些帮助。有些孩子学校作业不多，家长可能会给孩子布置额外任务，这时同样也要考虑到这一点。

如果孩子每天的作业量适中，在写完作业后有一定的留白时间，他就会更有胜任感和自信心。相反，**作业太多，大部分情况都完不成，孩子不仅自信心受挫，还会渐渐习惯完不成目标的状态，从而漠视目标，漠视时间表。**

身心愉悦，才能养成好习惯。孩子每天都有留白时间，也就满足了“玩”的需求。

心理学认为，身体会记忆和累积做一件事情的感觉。如果孩子每次写作业都有挫败感，感到很痛苦，久而久之，他们的身体就记住了这种感觉，他们下一次开始写作业时就会难以启动，不敢开始；相反，如果孩子做某件事有成就感、感到轻松愉快，他们的身体也会记住这种好的感觉，他们就愿意持续去做这件事，养成好的习惯。

以上是“留白”的三点好处。想让学习计划表发挥效用，还要注意计划表的调整。

2. 计划表要有“试运行”阶段

一家餐厅，往往在正式开业前有“试营业”期。在“试营业”期，一边接待客户，一边测试工作流程是否合适，人员结构是否需要调整，哪些菜品更受客户欢迎等。

因为是试营业，即使出了点小问题，商家也不会感到压力过大，客户也会多一点包容。可以说，试营业是很好的试错、调整期。

学习计划表其实也一样，并不是制定好计划表就一锤定音，即使不合适也只能执行到底，这样会既为难自己又为难孩子。

我们可以和孩子约定一周的“试运行”期，双方都感受一下新的计划表怎样，是否有需要调整的地方。

之前，我和心心在制定计划表的时候，她说她要一回家就做最难的事情——弹钢琴，完成这件大事，她就会觉得写作业什么的都是很简单的事，我也觉得这样安排不错。

可后来，有时弹完钢琴再写作业时间就很紧张，必做的作业来不及完成，心心就很着急。于是我们做了调整，先把必做的事情完成，再做一些课余的任务。

这就是计划表试运行阶段的调整。调整得差不多了，就可以按照计划表正式执行了！

3. 完不成计划时，放松地“回来”或从“错误”中学习

你有没有遇到过这样的情况：和孩子制订好了一项计划，但有时因为和同学约着玩，或家庭出游，或临时出现一些紧急的任务，孩子没有按照计划去执行，好几天都不在状态。

遇到这种情况，我们很容易对孩子说出沮丧的话。

“唉，又没做到，计划又成了摆设！”

“你看你，几天没做了？你不想着自己的事情，谁帮你想着？”

或者虽然我们什么也没说，但孩子的心里已经沮丧起来，他会认为，制定的目标实现不了，自己的自控力真的很弱；制订计划没有用，订了也完不成。

生活中总是会有各种各样的情况出现，临时打乱计划是难免的。制定计划表是帮助我们管理时间、安排任务的方法，并不是让

我们进行自我苛责的工具。

每个人都有不能按时执行计划的情况，当计划表不能执行时，放松地“回来”就好。

就像我们在做正念练习时，需要把注意力集中在一呼一吸之间，但大脑中常常会突然冒出一个想法，干扰了我们的专注力，常做正念练习的人都知道，这时，我们无须自我苛责，只需要觉察到自己产生了一个想法并放下它，继续专注于呼吸，回到正常的节奏中来。

是的，我们只是暂停了，继续回来就好。我们也可以把这样的经验带到生活中来，带给孩子，特别是带给那些对自我要求比较高的孩子，他们一做不好、做不到就容易自我否定，让他们懂得“宽容自己”是他们非常重要的人生功课。

过度的自我苛责、后悔，是不断拿过去的事情占用现在的时间，一遍遍地进行情绪内耗。而我们是要活在当下的，在当下，回到正轨，直接行动就好。

当然，如果我们不断地被各种各样的突发情况影响，导致计划表无法如期执行。这就需要我们重视起来，从错误中学习了。

我们可以和孩子开个家庭会议，一起复盘最近的计划执行情况，找出计划不能按时执行的原因。是平时都很好，一到周末就容易懒散，还是课业难度大，迟迟不想启动，无法按时完成计划？找到原因后，和孩子一起想出解决办法。比如，调整周末的计划安排；遇到临时有出游计划时想出补救办法；调整作业难度，先夯实基础知识；等等。

在想解决办法的过程中，尽量多用“头脑风暴”的形式，先把每个人想到的主意不加评判地如实记录下来，最后再一一讨论哪个方法更实用。这样的流程，不会伤害孩子主动思考与表达的积极性，让孩子感受到被尊重。孩子参与越多，新的计划越有可能被实施。

每次遇到问题，都开家庭会议与孩子一起想办法解决，慢慢地，孩子就会学到：犯错了不要紧，只要能够从错误中学习，找到解决办法就好！

如果一说起制订计划就感到很挫败，这或许是因为我们在一开始就抱有“计划要完全执行”的期待。可实际上，制订计划仅仅是第一步，在执行的过程中还需给计划“试运行”的时间，结合实际去复盘，审视计划的合理性。当计划完不成时，可以放松地“回来”或从“错误”中学习。

在执行计划的过程中，需要坚持，但也需要看到孩子的“需求”；需要有执行力，但也需要保持灵活；需要反思，但更需要接纳不完美。我们始终可以调整计划，而不必过度自我苛责。

内容小结

1. 对于学习，不仅需要有指引我们前进的大目标，也要有落实到每天、每时、每刻的具体计划表。
2. 制定学习计划表一共有三步：用“头脑风暴”的方式罗列出需要做的事情有哪些；选出必须做的事；安排任务顺序，预估完成时间。
3. 要想确保计划表可执行，要注意三点：给孩子足够的留白时间；计划表要有“试运行”期；完不成计划时，放松地“回来”或从“错误”中学习。

实践出真知

觉察：想一想，之前和孩子制订的计划不能坚持执行下去的原因是什么？

行动：根据本节内容，与孩子一起调整或重新制定学习计划表。

做好这几点，让孩子学会珍惜和管理时间

做养育咨询时，我经常会收到父母们对孩子的“投诉”。

我也不想催他，可我不催，他就没有时间概念，吃着饭就玩上了，写作业也总是注意力不集中；

我有时提醒孩子“现在 30 分钟过去了，你才写了 30 道算术题”，孩子也会被吓一跳，哼哼唧唧抱怨自己太慢，我真是哭笑不得；

经常是我提醒孩子好几遍他都无动于衷，我才忍不住吼他的。我一直是性格很温和的人，面对孩子，我才发现原来自己还有“暴脾气”的一面。

是呀，我完全能理解父母们的心情。这些情况，我们家也都出现过。我们希望孩子能自己学会珍惜和管理时间，这样我们就不用吼叫孩子，家里也能呈现一片母慈子孝的祥和景象。

可孩子为什么就做不到呢？为什么他们就是对时间没概念，总磨磨蹭蹭呢？

一、孩子不懂得珍惜时间有其生理原因

1. 孩子的时间知觉普遍比较弱

时间知觉，是认知心理学上的一个专业术语，是指人对事情发生的顺序性和持续性的直觉反应。时间知觉弱的孩子，常常不知道先干什么后干什么，也对时间长度（比如 20 分钟是多久，1 小时是多久）没有概念。孩子的时间知觉会随着年龄的增长而增强，一般来说，大部分孩子的时间知觉在 3 岁左右才开始萌芽，在 7 ～ 8 岁时迅速发展，到 10 岁才能逐渐发展完全。

所以，10 岁以下的孩子做事情速度慢，每天“晕晕乎乎”是有客观原因的。

2. 孩子注意力集中的时间短

一般来说，小学低年级的孩子可以集中注意力 20 分钟左右，

12 岁以上的孩子注意力集中的时间则可以达到 30 分钟。

孩子注意力集中的时间本来就短，再加上学习、写作业又是孩子不那么感兴趣的事儿，孩子的专注力就会大打折扣，所以孩子学习时容易分神，导致拖拉磨蹭。

3. 孩子注意力的外源性特点

孩子的注意力不同于成年人。成年人的注意力是内源性的，也就是说，当我们决定关注什么时，我们就会把自己的全部注意力投放在那里；而孩子的注意力是外源性的，他们就像一块海绵，时刻在吸收外界的信息，看见什么，听到什么，注意力就容易被吸引走。

这也是为什么很多妈妈会抱怨孩子，上学都快迟到了，催他赶紧来换鞋，可孩子看到鞋柜上有个小汽车，顺手就玩了起来；写着写着作业，看到桌面上的橡皮、尺子，就随手拿起来摆弄。这都是缘于孩子注意力的外源性特点。

二、如何让孩子懂得珍惜时间

那么，了解了孩子当下年龄段的特点与局限，理解、接纳它就可以了吗？并不是。在理解、接纳的基础上，还要有计划地培养孩子对时间的感觉，帮助孩子认识时间的价值，让孩子认识到，不珍惜时间，吃苦头的是自己。只有这样，孩子才能学会珍惜时间。

1. 培养孩子对时间长度有概念

在孩子吃饭、洗漱、写作业的时候，可以借助沙漏或计时器进行计时，事后告诉孩子他做这件事用了多长时间，比如“你吃饭一共用了 25 分钟，做口算用了 10 分钟，洗漱用了 25 分钟”。

平时接孩子放学回家，也可以告诉孩子“我们回家的路上用了 15 分钟；去超市买东西用了 30 分钟”。

当我们在生活中不断地引入“时间的长度”时，孩子就会渐渐有概念：“哦，原来 15 分钟、30 分钟是这么长。”

需要注意的是，刚开始计时的时候，不要强调孩子做事情的快慢，只是客观地告知孩子用了多少时间就好。如果一开始就强调快慢，孩子很容易反感计时。同时，我们还可以告诉孩子什么是时间知觉，我们为什么要告知他时间长度，这样，孩子的配合度、接受度都会更高一些。

此外，家长们平时可以养成一个习惯，经常与孩子分享自己看的书、听的课，有什么收获，这样不仅能打开孩子的认知，还能促进亲子交流。比如我们告诉孩子自己新学了什么育儿方法，有哪些育儿反思，这会让我们与孩子展开一场真诚的沟通，激发孩子的合作精神，同时也让孩子看到爸爸妈妈也在不断地学习、成长。

2. 帮助孩子认识到时间的价值

孩子不珍惜时间，还有很大一部分原因是因为他们没有认识到好好利用时间能产生怎样的价值。这一点也是可以在日常生活中引导的。

记得有一次，心心练琴弹到一首新曲子时，开始有畏难情绪了——她变得特别没有耐心，又是敲琴键，又是哼哼唧唧。我赶紧走到她面前了解了一下情况，安慰她、陪着她一起练。同时，我拿出了一张纸，开始记录她每弹完一首曲子的用时。

一开始，她弹得磕磕绊绊，弹一首曲子差不多需要 3 分多钟，可是在弹了十几遍之后，只要 40 多秒，她就能弹完整首曲子了。

练琴结束的时候，我将写得密密麻麻的时长记录给心心看，我对她说，宝贝，当我们尝试一些有挑战性的事情时，都会有点儿畏难、不情愿。但是你看，你没有一直哭下去，后来你开始练习了，短短半小时，你就熟练了一首新曲子，刚开始时，你弹一遍这首曲子需要 3 分多钟，最后不到 1 分钟就能弹完一遍，是不是进步挺大的？如果这半小时你还在继续哭，那会怎样？所以你要感谢你自己。

当我们这么说的时候，孩子就能很直观地感受到好好利用时间的价值所在。同理，在孩子背诗、跳绳、搭积木时，我们也可以用这样的方法，让孩子渐渐学会珍惜时间，更高效地利用时间。

3. 让孩子明白：不珍惜时间，吃苦头的是自己

除了引导孩子看到好好利用时间产生的价值，我们还可以放手让孩子感受不珍惜时间带来的自然后果。

很多时候，我们包办得太多，会直接阻碍孩子与“事情”之间的联结。我们站在孩子与“事情”之间，想确保孩子更好地做成“事情”，于是，我们承担了很多不必要的责任：催促孩子、监督孩子、替孩子把控进度。

慢慢地，我们把孩子与“事情”隔离开了，孩子体会不到自己做了 A 行为会直接导致 B 结果这样自然的因果关系。

让孩子体验挫败，有时比取得一个好的结果更重要。因为体验

能激发内心真实的感受，真实的感受才会带来真正的改变。

一天晚上，心心写作业、练琴时有些磨蹭，练完琴已经没有时间玩了。在她磨蹭时，我也没有一个劲儿催促她，而是保持克制，因为我给自己定下一条规矩，每晚催促孩子不能超过三次。“催促额度”用完就不能再催了。

果然，心心知道自己练完琴就要立刻洗漱准备睡觉，很不开心，开始哭起来：“今晚我都没有玩，没有玩！呜呜呜～我真的是白写作业了！”

看她这么伤心，我深表同情地说：“是啊，今晚的时间怎么过得这么快啊，怎么一下子就到了睡觉时间了呢？本来我还以为练完琴还有时间下楼玩呢，现在没有时间了。”我又说：“其实我有时也这样，感觉没做什么，时间就没了。”

心心听我这么说，还是忍不住地哭。

这时，我接着说：“我有个管理时间的好办法，心心！”

她泪眼蒙眬地看着我，“什么呀？妈妈。”

看，这就是体验到了不珍惜时间的痛，孩子自发地产生了学习“管理时间”的动力和需求。

接下来，也给大家分享两个好用的时间管理方法。

三、时间管理方法

1. 柳比歇夫时间统计法：找出未能好好利用的时间

我们继续上面的故事。

我告诉心心，“以前，当我觉得时间莫名其妙地流走时，我就会用这种方法帮助自己找到原因！”

心心很好奇。我介绍说：“这个时间管理法来自柳比歇夫，他一生发表过 70 多部学术著作，内容涉及生物分类学、昆虫学、科学史、农业、遗传学、哲学等，普通人一辈子能成为一个领域的专家就很了不起了，他却做到了在这么多领域发表专业的著作，是不是很厉害？人的一生，不出意外的话，时间都是差不多的，为什么他能做这么多事情呢？因为他用到了一种时间管理法，而且这个方法，他一直用了 56 年，从他 26 岁开始，一直用到他去世那天！你想想，你现在才 7 岁，如果你 7 岁就掌握了这个方法，那你得有多厉害呀！”

说到这里，心心兴趣更浓厚了，“那是什么呀？妈妈！”

“那就是时间统计法，说起来其实也很简单，就是不断地去记录自己的时间支出，比如，写一篇文章用时多久，看一本书用时多久，甚至等车、吃饭、上厕所这些琐事都记录下来。记录完一天之后呢，就可以在睡前找个时间去分析一天的时间使用情况，从而发现那些被浪费的时间，加快做事情的速度！妈妈使用过这个方法，还真的挺有效的！”

“我也想试一试，妈妈，把所有时间都记下来会不会很难？”心心问。

“没事，一开始我可以帮你记呀！”我回答。

第二天，心心一回家就兴奋地喊：“妈妈，今天你要帮我记录时间哦！”

于是，当天我把她做算术、写字、读书以及休息、吃饭、上厕所的时间支出一一记下来（见表 3-1）。因为孩子知道要“记录”，她做事的效率提升了不少。晚上我们进行了复盘，发现吃饭、洗漱的时长还可以再缩短。

表 3-1　心心的时间记录表

时间	时长	事件
18：00	15 分钟	回到家休息
18：15	30 分钟	完成学校作业
18：45	10 分钟	休息
……	……	……

这个记录法，能够帮助孩子发现自己时间花费的盲区，一开始，家长可以帮孩子记录，等孩子熟悉了，可以教孩子自己记录，记录的方法也很简单，只需要记上时间、时长、事件即可。建议各位家长也来尝试运用这个方法，记录自己一天的时间利用情况，并和孩子分析哪些时间利用得不够好，与孩子一起进步，更好地帮助孩子培养好习惯。

2."三只青蛙"时间管理法：教会孩子抓重点

除了记录时间支出，我们还可以教会孩子另一个时间管理方法——"三只青蛙"时间管理法。

这是由企业销售培训专家博恩·崔西在《吃掉那只青蛙》这本书中提出的一种专注于最重要事情的方法。

之前，我就和心心这样沟通过："宝贝，不知道你有没有这样的感觉？妈妈发现，有时候我们容易被一些当时着急要做的事情推着走，忙活了半天，最重要的事情反而没做。比如，我作为亲子关系讲师，需要做的一件很重要的事情就是多阅读，多读好书，多实践体会，这样才能增长智慧，才有可能将更多的好观念、好方法分享给他人。可是，我常常会急于处理手头的工作而忘了这件最重要的事情。”

心心听了，对我的经历与感受表示认同。我接着说：“你知道吗，有一个专门做企业培训的专家叫博恩·崔西，微软的比尔·盖茨、股神巴菲特等世界级企业家都接受过他的培训，他提出了‘三只青蛙’时间管理法，他说，如果我们每天早晨吃掉一只活青蛙，那么你就会一整天觉得，没什么比这更难的事情了！活青蛙指的是我们面临的最困难、最重要的事情。我们每天最起码要拿出20%的时间用于‘吃青蛙’，这样才能保证我们可以朝着自己的目标前进，不偏离计划。所以，我们可以一起想想我们的‘三只青蛙’是什么？”

接下来，我们就可以和孩子一起写下自己的“三只青蛙”，和孩子一起讨论：

这个学期，我的“三只青蛙”是什么；

这个月，我的“三只青蛙”是什么。

当我向心心介绍完这个方法后，我们一起梳理出她的“三只活青蛙”分别是中文阅读、英文阅读和订正作业错误的习惯。

虽然我一直认为阅读习惯很重要，但心心每天的时间还是经常被作业和练琴过多占用，我也经常会忘记提醒心心阅读。现在她还处于没有浓厚的自主阅读兴趣的阶段。于是，我们讨论出，以后每晚必须保证 15 分钟的亲子阅读时间。在这个时间里，我们各自阅读自己的书，时间到了，再互相分享。

同样，订正作业错误也是我们需要养成的重要习惯。我发现心心经常写完作业就万事大吉了，我检查出作业中的错误让她去订正，她会不情不愿，觉得自己在“加班”，所以这部分也是我们讨论的重点。

确定好“三只青蛙”后，我又对心心说：你知道吗，“三只青蛙”时间管理法能确保我们的重点不偏离，做的过程中，我们也要保护好自己的“青蛙”时间哦！如果你正在“吃青蛙”，被别人打扰，或者被别的事情干扰了，一定别忘了，“青蛙”时间是最重要的。

大家也可以在家与孩子尝试一下这套时间管理法，结合我们前文介绍的制定目标的方法，相信大家会对孩子的学习安排更加清晰，也能够培养孩子做事抓重点的习惯。

一说起“孩子拖拉磨蹭，没有时间观念”，几乎可以引起所有家长的共鸣，因为这是大部分孩子的共性所在。虽然孩子这种表现有着客观的生理原因，但我们还是有必要教会孩子珍惜时间、善用时间。

时间最不偏私，给每个人的都是一天 24 小时；时间也最偏私，给任何人都不是一天 24 小时。只有好好利用时间，把时间花在最值得的事情上，才有可能达成我们真正想要的结果。

教孩子管理时间，不仅仅是教他们如何规划时间，如何抓重点，如何排序，更是教他们学会反思，学会觉察自己的学习及生活状态，是向孩子传递价值观、人生观。这会让孩子受益终身！

内容小结

1. 孩子不懂得珍惜时间的生理原因：孩子的时间知觉普遍比较弱；孩子注意力集中的时间短；孩子注意力的外源性特点。
2. 如何让孩子懂得珍惜时间：培养孩子对时间长度的概念；帮助孩子认识时间的价值；让孩子明白：不珍惜时间，吃苦头的是自己。
3. 好用的时间管理方法：柳比歇夫时间统计法——找出未能好好利用的时间；“三只青蛙”时间管理法——教会孩子抓重点。

实践出真知

觉察：想一想，你家孩子拖拉、磨蹭的主要原因是什么？

行动：写出在时间管理方面，你接下来的一小步行动。

如何提升孩子的专注力，远离拖拉磨蹭

你家孩子会不会出现下面这些情况？

写作业时，一会儿要喝水，一会儿要上厕所，没几分钟，又玩起了手边的文具；

老师反映孩子上课容易走神，不专心，难以跟着老师的思路参与互动；

自己看书还没翻几页，就开始东摸摸西瞅瞅，学习效率很低。

这些情况都是因为孩子的专注力不足导致的。

什么是专注力？它指的是一个人专心于一件事、一个活动时的心理状态。

专注力可以说是孩子学习知识与技能，取得好成绩的重要因素之一。专注力高的孩子，能更高效地完成学习任务，从而可以有更多的空余时间休息或探索新知。

如果孩子专注力不足，怎样帮助他进行提升呢？

一、影响专注力的五大因素

专注力不够，看似一种能力的欠缺，其实背后是一个庞大的系统；同样是专注力欠缺的孩子，也许有各自不同的原因。

影响孩子专注力的主要因素有：环境、目标、兴趣、思考能力以及情绪。

1. 环境对专注力的影响

这里的环境包含硬环境和软环境。关于硬环境，前文也谈到了孩子注意力的外源性特点——孩子容易不自觉地被周围的事物吸引。所以，要想让孩子在学习中保持专注，家长要注意为孩子创造好的学习环境，比如保持桌面相对整洁，不要让玩具、零食等无关物品吸引了孩子的注意力。

不过，这一点做到适可而止就好，并不是桌面越整洁越好。

伦敦大学学院心理学教授尼利·拉维曾做过一个实验，她发现，在过于干净整洁、寂静无声的环境中学习和工作，会让一些人过度关注周围的洁净和整齐，反而分散了注意力。

这也很好理解。太追求干净整洁，容易让我们对环境因素过于敏感，一点点不整洁和响动都会分散注意力。所以，在这一点上，适可而止就好。

对于软环境，家长不要在孩子学习的时候不断提醒他坐姿、握笔姿势，或者给孩子送牛奶等干扰孩子的专注力。

2. 清晰的目标能提升孩子的专注力

前面的章节中介绍了如何与孩子一起找到他内心认可、想达成的大目标，以及怎样进行目标拆解，制订每日学习计划。

有了大目标和具体计划的加持，孩子会更有目的地去学习，专注力就会更强。

3. 对一件事的兴趣，会直接影响孩子的专注力

很多家长会发现，孩子拼积木，玩变形金刚时非常专注，可以一玩好几小时，可学习时，就像屁股上长了刺一样坐不住。

其实这证明孩子的专注力是非常好的，只是他对学习没兴趣，才导致在学习这件事上专注力弱。

那么，怎样提升孩子对学习的兴趣，让孩子在学习上有充足的内在动力呢？

这就要提到心理学家德西和瑞恩创立的自我决定理论。他们认为，人有三种基本心理需要：归属感、自主感及胜任感。如果这三种心理需要得到了满足，孩子对一件事的内在动机就形成了。

第一，归属感。它是指孩子能感受到爱、尊重与接纳。

如果孩子学习好，我们就对他态度好，夸他是我们的好宝宝；学习不好，我们就嫌弃他，甚至对他大吼大叫、责备、惩罚他。孩子心里可能就会想，都是因为学习，都是因为作业，妈妈才会不喜欢我的。那么从这件事上孩子就体会不到归属感。

相反，如果亲子关系好，孩子能感受到父母对他的关心与爱，孩子就会有很强的归属感。那么自然而然，我们在意的事情，孩子也会在意；我们期待的目标，孩子也想努力达成。

第二，自主感。也就是孩子认为自己在某件事上有选择权的感觉。

比如孩子弹钢琴，如果我们强制要求孩子必须弹多久，坐在孩子身边盯着他以防他走神，孩子一停下来，我们就质问他为什么要停下来，这些都会损害孩子的自主感。孩子会觉得弹钢琴这件事是不受自己控制的，是父母强加于他的。也许孩子被迫完成了练琴任务，但在他的心里，对弹钢琴这件事是深深厌恶的。父母不在的时候，他也是不想主动弹钢琴的。

想让孩子有自主感，最重要的是要给孩子空间。就像我们之前说到的“制定目标和计划时，最好进行头脑风暴，各自发表自己的想法，有商有量”，凡事要有商量的空间。

在孩子做事情的过程中，也要给孩子空间。

很多时候，我们并没有意识到自己的控制欲有多强。我一直认为，作为父母，我们最重要的是要学会自我觉察与反思，如果我们自身不反思，周围的人很少会提醒我们哪里做得不够好，又或许被提醒了，但没有自我反思时，我们只会将之看成别人对我们的否定与攻击。

心心写作业时，我常常给她“放水”。比如她开小差，我会故意睁一只眼闭一只眼，心里想着：“给你 1 分钟，如果 1 分钟后你还没有回过神来，我再提醒你。”而事实证明，有时我才默数到“10”，她就回过神来了。这个方法我屡试不爽，大家也可以试一试。

第三，胜任感。顾名思义，就是孩子认为自己有能力做好某件事的感觉。

一方面，我们要让孩子对学习有胜任感；另一方面，也要让孩子意识到，因为他学习了，他在生活中更有胜任感了！如果我们能兼顾到这两点，孩子的学习兴趣就能得到极大的提升。

怎样才能让孩子对学习有胜任感呢？

最关键的是，孩子的学习内容与学习目标难度要合适，并且家长要对孩子的学习多给正向反馈。

很多家长不知道怎样判断孩子的学习内容或学习目标难度是否合适。对此，可以用两种方法判断。一是多观察孩子的状态，孩子是不是总有畏难情绪，觉得压力大，一说起学习就不情愿？这种情况就可能是孩子的学习内容或学习目标难度不合适；二是常询问孩子，最近学习的任务做起来是觉得轻松还是费力，感觉学习内容多不多。这样能帮助我们更好地了解孩子的真实状态，避免自己“想当然”。

另外，怎样让孩子感到“因为学习，自己在生活中也更有胜任感了”呢？

这就需要我们善于将学习与生活建立联系，比如：

可以在家庭聚餐时，邀请孩子来个钢琴演奏节目，为聚餐营造好的氛围；

可以在孩子学会自主阅读后，邀请他给弟弟妹妹读书；

给家人朋友发短信时，可以让孩子用拼音输入法帮我们打字；
还可以让孩子帮忙核对购物清单，核算金额……

这些事情都能让孩子感受到学习是可以切实服务于生活的，当孩子在生活中更有胜任感，自然就会想学更多。

4. 思考的能力影响孩子的专注力

孩子写一会儿作业就开始叫妈妈，问你这个题目是什么意思，那个字怎么写，或者写着写着遇到不会的，就停下来玩了起来。

这样的情况，都是孩子的思考能力影响了其专注力。具体来说，就是他对“怎么做”没有思路，习惯于依赖家长，缺乏独立思考和解决问题的能力。

这种情况下，家长要多用提问的方式帮助孩子锻炼思考能力；平时也要多引导孩子阅读，鼓励孩子用自己的话复述读到的内容，提高孩子的理解力。

5. 情绪对于专注力的影响

孩子上课走神，写作业总开小差，还有一种可能是他被一些负面情绪影响了。

家长需要有意识地定期帮助孩子疏解情绪。比如，接孩子放学时，睡觉前，或者和孩子玩游戏时，可以引导孩子说一说他开心的、不开心的事，最近他与小朋友的交往情况，学校的趣事，等等。

此外，父母当着孩子的面吵架，亲子之间发生矛盾，或者父母一方出差好几天与孩子分开等，这些情况都有可能影响孩子的情绪，需要及时复盘，与孩子进行真诚沟通，让孩子没有情绪负担。

以上就是影响孩子专注力的五大因素，分别是环境、目标、兴趣、思考能力和情绪。了解了为什么这些因素会影响孩子的专注力，以及如何应对各种影响因素，当孩子专注力不足的时候，我们就可以一一排查，找到原因，帮助孩子消除不利影响。

二、帮助孩子提升专注力的小方法

在孩子写作业时，可以使用“番茄工作法”帮助孩子快速提升专注力。

“番茄工作法”是一种帮助我们提升专注力的时间管理方法，

在“番茄钟”规定的25分钟内，我们需要高度集中注意力完成任务，满25分钟，“番茄熟了”，我们可以休息5分钟，再开始下一个“番茄钟”的计时。

对于孩子，一个“番茄钟”的时长可以根据孩子所处年龄段的注意力水平调整，比如调整为“学习15分钟，休息4分钟”。

想让“番茄工作法”充分发挥效力，就要在一开始与孩子“约法三章”：“番茄钟”时间内，不允许做任何与任务无关的事情，比如开小差、上厕所、吃东西，如果违规了，当下的“番茄钟”就作废，需要重新“种番茄”！

孩子写作业时，如果意识到旁边是有计时器的，他们的专注力就会提高不少，这样的外在约束对于孩子非常有效。

只是在这个过程中，家长要特别注意，千万别让孩子感觉“番茄钟”是妈妈用来控制自己的工具。我们可以在孩子完成一个“番茄钟”时，及时给他反馈：“哇，短短15分钟，你不仅做完了口算，连语文的生字都抄写了一遍，专注力高真是不一样！”这样的反馈多了，孩子就会更喜欢“番茄工作法”，让这样的时间管理工具服务于自己。

三、提升孩子专注力的小游戏

除了“番茄钟”这样能帮助孩子提升专注力的小工具，有些亲子游戏也有助于提升孩子的专注力，在这里给大家推荐 3 个亲子小游戏。

游戏一：呼吸伙伴

让孩子找一个他喜欢的毛绒玩具，作为他的呼吸伙伴。

练习时，将呼吸伙伴放在孩子的肚子上，一开始由我们来引导孩子安静地呼吸 1 分钟。

让孩子看到，呼气时，他的呼吸伙伴沉了下去；吸气时，呼吸伙伴又升了起来。

引导孩子关注呼吸伙伴的起起伏伏，以及自己的感觉。

如果孩子走神了，那就让孩子告诉自己“哦，我走神了”，想象自己的想法就像进入大脑的美丽泡泡，随风飘走。

如果孩子平时不愿意做，可以在晚上孩子睡不着的时候做这样的练习。习惯之后，每次孩子走神的时候，也能更快地再次集中注意力。

游戏二：专注石

周末去大自然的时候，和孩子一同寻找一块他喜欢的石头，作为孩子的“专注石”。

当孩子写作业无法集中注意力时，让孩子停下来，双手自然地放在膝盖上，闭上眼睛，先做 3 组深呼吸：吸气，同时在心里默数 1，2，3；呼气，在心里默数 1，2，3。

睁开眼睛，把注意力集中在“专注石”上。仔细观察它是什么样子，它的表面有斑点吗，有条纹吗？它是什么颜色的，什么形状，有没有凹凸不平？继续看着“专注石”，保持 1 ~ 2 分钟。

这是游戏完成的流程，不过，我们也无须每次都这样做，平时可以让孩子将“专注石”摆在桌子上，作为对自己的提醒，孩子开小差时，看到“专注石”就会意识到“哦，我要专注”！

游戏三：智取宝藏

假装孩子是寻宝人，历经千难万险终于要寻得宝藏了，最后还有 4 个关卡。

爸爸妈妈扮演神秘关卡处的机器人。“机器人”会说出一系列口令，寻宝人如果照做无误便可通过关卡。

在前两个关卡处，“机器人”会发出“向前走两步——跳起来——转一圈——开合跳 10 下”等连续口令；后两关难度加大，孩子需要做出与口令相反的动作，才能到达“宝藏之地”。

这种“听口令，做动作”的游戏，也能培养孩子的专注力。

以上 3 个小游戏，大家可以在家里和孩子玩起来。

培养孩子的专注力，不是买几本“找不同、走迷宫”的专注力训练册就可以的，而是要找到自家孩子专注力不足的真正原因。

孩子写作业时，可以利用“番茄工作法”帮助孩子集中注意力；平时，也可以利用和孩子玩游戏的时间培养孩子的专注力。

当孩子学会了专注地投入一件事，他收获的不仅仅是效率，更是与事情本身的联结，是全身心投入带来的幸福感。这样的幸福感积累多了，孩子就会对这件事有了兴趣，而对一件事本源的兴趣，是多少外在的奖励都换不来的。

内容小结

1. 影响专注力的五大因素：环境、目标、兴趣、思考能力以及情绪。

2. 帮助孩子提升专注力的小工具："番茄工作法"。

3. 提升专注力的小游戏：呼吸伙伴；专注石；智取宝藏。

实践出真知

觉察：了解了影响孩子专注力的五大因素，你觉得哪种因素对你的孩子影响比较大？

行动：从这一节分享的三个小游戏中选择一个，与孩子一起玩起来吧！

第四章 Four

提升孩子的抗挫力和自控力

遇到作业又难又多，孩子就哭着不想做，怎么办

一、孩子为什么有畏难情绪

很多家长对孩子的畏难情绪都很“头疼”，一看到孩子哼哼唧唧磨蹭着不愿意写作业，内心的小火苗就噌噌往上冒。

孩子畏难，有两种情况。

第一，对于孩子现有的能力水平来说，学习任务确实难，挑战非常大；

第二，孩子是被“心理感觉”压垮了，也就是说，只要耐心做，学习任务是可以完成的，但孩子感觉作业又难又多，以至于无法开始。

二、如何化解孩子的畏难情绪

对于第一种情况，家长要尝试降低孩子的任务难度，给孩子补补课，提升孩子的学习能力，为孩子提供一些必要的帮助。

下面，我们主要探讨对于第二类情况应该如何引导孩子。

1. 助力孩子开始行动

大部分时候，孩子都是刚开始写作业时特别畏难，只要开始写起来，畏难情绪就慢慢消失了。所以，在启动学习阶段支持孩子就很重要。具体可以分为两步走。

第一步，接纳孩子的畏难情绪。孩子有畏难情绪很正常，面对一大堆事情时，谁都可能会不想开始，心情烦躁。多数父母也能理解这一点，只是觉得自家孩子的畏难情绪太多了，以至于一看到孩子有畏难情绪就格外心烦，甚至紧张、焦虑。

为什么孩子有那么多的畏难情绪呢?

科恩博士在《游戏力养育一书》中比喻说，每个人心中都有一个“情绪之桶”，里面装着悲伤、恐惧、愤怒、嫉妒、沮丧、羞愧等情绪。当这些情绪累积得多了，就会满溢出来。

孩子通常会通过哼哼唧唧、大哭大闹或者发脾气等方式倾倒“情绪之桶”。孩子畏难闹情绪时，也是正在倾倒“情绪之桶”时。

如果这个时候父母对孩子说：

你怎么又哼唧啊？作业总归是要做的，哭能帮你做完作业吗？

又来了，你怎么一到写作业的时候就这样！

今天的作业不难，你好好看看，这些对你来说都是小意思！

这样责备或宽慰孩子，都会阻碍孩子倾倒“情绪之桶”。想一想，如果孩子每次倾倒“情绪之桶”时只能倒出 10%，就被我们打断、叫停了，那么他就有 90% 的情绪还在“桶”里，这时生活中一点点不如意的事情，比如，吃饭吃到花椒了，和小朋友意见不一致了，没买到想要的面包，或者今天的作业中又有他最不喜欢的古诗背诵等，都会让他的“情绪之桶”再次满溢出来。

于是，我们会感觉孩子成天都在找碴儿，总是有各种小脾气。

所以，去接纳孩子的情绪吧！我们可以抱抱他，对他说：“今天的作业是有些多，你想哭就哭会儿，你也挺辛苦的。”

孩子哭多久都不要急，让他好好倾倒他的“情绪之桶”，等他的“情绪之桶”彻底倒空了，他就能恢复阳光、快乐，也能更有韧劲去面对难题。

据我观察，通常当我们做好准备去接纳孩子所有的情绪倾泻而出时，孩子反而哭不了多久，没有能够充分倾倒情绪的孩子，情绪才会不定时地伺机而出。

有的妈妈说：“可我就是受不了孩子哭，一看他不配合，我就烦躁！”这样的情况，我们需要看看自己的“情绪之桶”是否也已经快满了？也许你的“情绪之桶”里的情绪也已经积攒到了 90%，所以承担不了生活当中的丁点儿不顺利。是的，你积攒了太多不快乐，承担了很多压力，耗费了太多的耐心，你已经无力接纳孩子的情绪了。

那么，我们可以仔细看一看，我们的“桶”里都有什么？这些情绪从哪里来？我们有倾倒“情绪之桶”的方式吗？比如，找个伙伴聊一聊，写写日记，给自己半天放空的时间，做冥想练习。

作为父母，记得在支持孩子之前，先照顾好自己！

第二步，花样启动法。接纳了孩子的情绪，如果孩子还是有些不情愿写作业，那就需要适时地“轻推”一下，怎么轻“推”？当然是做孩子最喜欢的事——玩游戏。

给大家分享一个我们家玩过的小游戏。

在心心开始写作业前，我和她说：“咱们来玩个游戏吧，假装你是一位骑士，要去寻找一个神秘宝盒，我是小仙女，你需要完成我布置的关卡任务，全部通关，就可以得到魔石，好不好？”

心心满口答应。大家也知道，每一关的任务其实就是孩子当晚不同的学习任务。

为了帮助孩子克服畏难情绪，我们可以安排孩子从最简单的任务做起，一点一点提升难度。记住，“骑士”通关成功的时候，“小仙女”一定要表现出感到很不可思议的样子：天哪！这么难的关卡，目前还没有人挑战成功呢！真是不敢相信！好啦！你准备好解锁下一关了吗？

虽然孩子知道这都是假的，但这样的游戏方式会让孩子更喜欢，感受更好，也就会更有动力和意愿！

我们可以精心设计一下最后的“宝盒”，比如写几张对孩子表达爱意的字条。

“宝贝，妈妈看到今天你是那么专注，写作业时效率非常高，15 分钟就完成了一单元的课后练习……”

“宝贝，谢谢你这么体贴，昨晚给妈妈按摩，妈妈非常喜欢，很舒服！”

还可以准备一张孩子喜欢的贴画，一张游戏卡，或者找一块石头，给它涂成彩色，孩子拿到后，可以行使一次权利，让妈妈为自己做一件事。

总之，大家可以充分发挥自己的创造力。

我们也可以和孩子玩抓阄儿游戏，把一项项作业任务写在纸条上揉成一个个小团，抓到哪个就去写哪个，写完再来抓下一个。

还可以画一个任务藏宝图，把任务纸条藏在家里各个不同的地方，画个“地图”，提供一些线索，让孩子去寻找新任务。

这些方法都可以帮助孩子动手写作业。有的家长也许会说，就让孩子写个作业，有必要这么费心设计吗？其实这样的方式，一方面能让孩子开心高效地写作业；另一方面，也兼顾了亲子陪伴！陪伴孩子不一定非要整块时间，这样见缝插针地和孩子互动同样可以是高质量的陪伴。

2. 外化“畏难小怪兽”，教孩子学会自我控制

家长设计游戏，帮助孩子克服畏难情绪只是一方面；另一方面，我们还要教孩子学会自我控制，激发孩子的内驱力。

“将问题外化”是一个非常好的方法。它来自心理咨询中的叙事疗法。叙事疗法认为，**问题是问题，人从来不是问题**。叙事疗法主张我们将问题外化出来讨论，这样我们才能有距离地看待问题，也能更有力量去应对问题。

对于孩子来说，我们可以尝试将问题拟人化。

我和心心曾经就她“畏难”这个问题做过问题外化。我对心心说：“心心，妈妈发现你最近经常在开始写作业时有些畏难，也就是害怕困难，不敢开始。可你明明不是这样的人呀，你还记得吗？之前你做‘挑战数学’，那么难的题，你都可以耐下心来慢慢做。我猜你最近是被‘畏难’这个小怪兽影响了，而且我观察到，在你刚开始写作业时，它总会出来干扰你，可你一旦写起作业来，它好像又被你的认真、自信和勇气打败了！来，我们一起来讨论讨论它吧！”

听我这么说，心心觉得很有意思，愿意继续和我讨论。于是我问她：“心心，你想一想，‘畏难’如果是一个小怪兽或是小人儿，它长什么样？它是什么颜色的？有什么样的脸和眼睛？你在这张纸上把它画下来好不好？”

心心一边想一边在纸上画出了一个小怪兽，小怪兽有好几只眼睛，还有点儿可爱。

当然，如果这时候孩子说他也不知道小怪兽长什么样，我们可以鼓励孩子再想象一下，如果孩子仍然说不知道，我们也可以与孩子约定：下一次畏难小怪兽出现时，要记得观察一下它的样子！这里也很推荐大家带孩子一起看看《头脑特工队》这部电影，这部电影就将我们的情绪外化成不同的情绪小人，有助于孩子理解外化的概念。

聊完这个部分，我又问心心："你觉得畏难小怪兽来到你的生活里，是想干什么？"

她想了想说："它不想让我好好写作业，想耽误我的时间，让我心情很烦躁！"

"嗯，没错，我看也是，"我又问，"那你再想想，它经常在你的头脑里对你说什么？"

心心立马就表演了起来："它说，心心，今晚的作业太难了，太复杂了，你肯定完不成，要写好多字，你的手都要写酸了，还不知道要写到几点，今晚肯定没有时间玩了！"说着，心心又补充道，"有时候我练琴时它也会出现，跟我说'又是新的曲子，双手配合起来好难，音符也找不准，练琴真没意思，放弃吧！'"

"难怪呢，它总这么对你说话，本来事情就很难，它这么一说，你就真的不想写作业、不想练琴了，”我在一边回应道，“那你告诉我，它出现时，你的爸爸妈妈，老师怎么看待你？影响你的学习了吗？”

心心说：“我妈妈有时候知道我被它控制了，就会安慰我，让我要有信心。但有时候，爸爸妈妈也会没有耐心，特别是爸爸，会觉得我哼哼唧唧很烦人，会命令我马上开始，我就更生气了！老师怎么看我？我不知道，我在学校好像没有畏难。”

“嗯，我懂了，所以它出现的时候，有时会让大人误解，觉得你是一个害怕困难，不敢面对挑战的孩子，对吗？”我问她。

“没错！”心心说着就噘起了嘴。

“那你告诉妈妈，它什么时候会对你影响比较大？什么时候影响比较小？”我又问心心。

心心想了想说：“有很多作业和任务要完成的时候；算术题太难的时候；古诗怎么背也背不熟练的时候；还有练习弹奏一首新曲子的时候。这些时候，它都会出来影响我！但如果我弹的曲子不那么复杂，或者做一些不那么难的作业时，它对我的影响就比较小，它好像都没有出现！”

“的确，我的观察也是这样！对于畏难小怪兽的所作所为，你喜欢吗？”我问。

心心回答说：“当然不喜欢，因为它的影响，我会浪费很多时间，最后更没有时间玩了！”

“嗯，你不喜欢它。那么，你想成为一个怎样的人？”我继续刨根问底。

“我希望我能做事情更快，不受它影响！”心心回答。

“那我们就讨论一下，你觉得怎样做可以让它远离你的生活？不再影响你？”我又问。

心心想了想，说：“嗯，它来的时候，我要马上发现它，然后我要告诉它，没有那么难的，我不害怕，因为之前我有过很多比较难写的作业、难弹的曲子，但最后我都完成了！”

“没错，有好多曲子一开始你不会弹，但是练习几十遍之后，你就越弹越熟练了，我发现，那些曾经你感觉很难的曲子，熟练之后，现在你都很爱弹；而且，你记不记得有一次你还背会了一首很长的历史朝代歌，你背了一上午，终于背会了，现在你就背得特别熟练！”我开始给心心回忆她的“成就事件”，帮助她增强信心！

接着我又问她：“你觉得在这些事情上，从一开始畏难，到最终战胜困难，你都做了什么呢？”

“就是要有耐心！还有，不要被情绪影响。”心心立即回答。

“嗯，所以这都是我们可以对抗畏难小怪兽的方法！”我说道。

“对，妈妈，我要告诉自己‘世上无难事，只要肯练习’，让自己保持耐心！下一次它再来，我就找个笼子，把它关起来，然后我让它看着我练习，它一定很生气！”心心说着就乐了。

“关到笼子里，好想法，那个笼子长什么样？在哪里呀？你能不能画到小怪兽旁边？”我惊奇地问她。

“妈妈，那是我脑子里的一个笼子。”说着，心心就开始画了起来，还给笼子配上了一把好锁（见图 4-1）。

图 4-1　心心画的畏难小怪兽

我和心心讨论到这里，差不多就结束了。之后很长一段时间，这个问题外化的方法对心心帮助很多！她常常在自己开始畏难时就大声喊，“妈妈，不好了！畏难小怪兽又跑出来了！快，我要拿上锁，我要把它拉回笼子里，你也过来帮帮我！”她当即上演一场想象游戏，我当然也会很开心地配合她演出。等锁好怪兽后，她就会开始写作业，让畏难小怪兽看到她是怎样一步步战胜困难的。

也有些时候，她会完全被畏难情绪淹没，我就会提醒她小怪兽又来了。这个提醒特别有效，能让她更快速地摆脱畏难情绪。

在这个过程中，孩子每战胜一次“小怪兽”，我们都可以和孩子一起总结经验，或者将“战绩”记录下来。爸爸妈妈也记得要多给孩子正面反馈，让孩子对自己的“战斗力”更有信心！

遇到问题，解决问题，收获成功的经验，从而更有自信去解决下一个问题，这就形成了正向循环，让孩子一次又一次取得更大的进步。

这种把问题外化的方法，大家可以举一反三，应用于很多育儿挑战中，比如，孩子上课注意力不集中，总是走神儿；常常被情绪困扰；写作业总想马虎了事，等等。

大家在家里与孩子进行问题外化时，也可以参考我给心心提出的几个问题。这些问题看上去简单，其实都是专业叙事治疗师沉淀很久之后总结的一套解构问题、应对问题的有效问法，在这里，再次给大家列举出来。

想一想，畏难情绪如果是一个小怪兽或小人儿，它长什么样？

畏难小怪兽来到你的生活里，它想干什么？

它经常对你说什么？

它出现时，你的爸爸妈妈，老师怎么看待你？他们的态度对你有什么影响吗？

它什么时候对你影响比较大？什么时候影响比较小？

对于畏难小怪兽的所作所为，你喜欢吗？

你不喜欢它，那么你想成为一个怎样的人？

你觉得怎样做，可以让它远离你的生活？

通过这几个问题，我们就能够对“如何应对一个问题”进行非常深入的讨论。很多时候，问题的答案似乎显而易见，但是，当我们问出来，让孩子思考后说出自己的想法，这本身又是一种发自内心的再次确认，这个过程非常有必要。

同样，这个方法对于父母也适用，如果你有困扰已久的问题，也可以顺着这个思路问问自己，相信一定会有新的发现！

内容小结

1. 孩子畏难，有两种情况。

第一，任务确实难，我们需要帮助孩子调整任务的难度；

第二，孩子被心理情绪压垮了，感觉任务又难又多，从而无法开始。

2. 应对上述第二种情况，有两个关键点。

第一个关键点：给孩子启动阶段的支持，助力孩子开始行动。

第二个关键点：将问题外化成“畏难小怪兽”，教孩子学会自我控制。

实践出真知

觉察：你家孩子的畏难情绪属于哪种情况？

行动：找出一个日常困扰你的养育问题，尝试与孩子进行问题外化的对话与讨论。

孩子沉迷电子游戏，如何让他找回对学习的兴趣

孩子进入小学阶段之后，就开始越来越多地接触电子产品、网络游戏，有一些孩子开始沉迷于此，每天都想玩，时不时就缠着父母解锁手机，手机被孩子拿在手上不一会儿，就会多出几个游戏小程序。

到了小学高年级、初中阶段，有一些孩子更是开始“沉迷游戏”，一旦游戏上瘾，孩子就有可能厌学、缺乏自控力、封闭自我。

这里所说的沉迷，是指上瘾程度相对比较深，玩游戏已经严重影响了孩子的生活与学习。如果你的孩子只是喜欢、总想玩，不算太上瘾，以下描述的一些心理可能是相似的，请在阅读时保持自己的判断力，不必过于担心。

对于孩子沉迷电子游戏这个问题，我们越早重视，掌握问题的应对方法，正确看待游戏，我们就越能防患于未然。

一、孩子为何沉迷电子游戏

游戏设计者希望自己开发的游戏能够吸引人，让人不断地在其中投入时间与精力，所以，游戏设计会紧紧迎合人们的心理需要。

1. 挑战与难度相匹配

游戏太简单，会让人感到无聊；太难，又会让人受挫而放弃。如果难度刚刚好，让玩者成功了会获得成就感；失败了立即又会燃起继续挑战的冲动。游戏设计者对任务难度的精准调适，会让人一关接一关地玩下去，难以自拔。

2. 清晰的目标与规则

游戏每一关，每一局，每一个回合，都会有清晰的目标与规则，以激发玩者的积极性与挑战欲望。

3. 及时反馈，有成就感

玩游戏时，每次完成通关任务，就会出现炫酷的音效和画面，及时给予玩者反馈，让玩者有成就感，忍不住挑战下一关。

游戏中的升级打怪，一步步晋级，能满足孩子的成就感、自信心；而且，很多孩子会相约一起打游戏，游戏是孩子与同伴联结的一种方式，能满足孩子的社交需求，让孩子有归属感。

不管是成就感、自信心，还是与人联结的归属感，恰恰都是很多沉迷游戏的孩子在现实生活中欠缺的，所以他们才会在网络世界中寻求补偿与满足。

孩子这些心理需要的缺失，和家庭教育、亲子互动方式有很大的关系。与父母关系不太好的孩子，或者在家常常受管控的孩子更容易沉迷于游戏。这也是我们解决网络沉迷问题的关键突破口。

二、如何解决孩子沉迷电子产品的问题

1. 以身作则，做有自控力的家长

很多家长一看到孩子玩手机就焦虑，孩子才玩了 10 分钟，家长感觉好像玩了 30 分钟那么久，恨不得孩子每时每刻都在做有意义的事情。

可我们反观一下自己，是不是时时刻刻都抱着手机，陪孩子写

作业、陪孩子玩，甚至吃饭时都盯着手机。孩子提醒我们，我们还找借口说“回工作信息”“查资料”。

还有时候，我们晚上一躺下就开始“刷抖音”，一刷就好几小时，浑然不觉。

我和心心爸都属于手机严重上瘾的人。为了让我们放下手机，孩子们学会了一首歌，我们一拿起手机，她俩就开始唱“爸爸妈妈请把手机放下”。之后，为了能更好地管理时间，腾出时间干更有意义的事情，我在网上买了一款手机锁。每天晚上打算看书前，我就会把手机锁起来。我每次大约锁 1 小时，心心爸对自己更严格，经常锁 4 小时，到睡前都看不了手机。自从有了这个手机锁，感觉世界都安静了，我们终于可以有时间与自己的内在联结，可以安静下来去做一些事情。

我也会与心心分享我是怎样抵抗手机诱惑的。告诉她，锁起手机，我高效完成了多少工作，多么有成就感。

这就是以身作则，给孩子树立好榜样，而不是一味说教孩子。

不少父母习惯用权威去要求和控制孩子，不允许孩子对自己有任何质疑。在孩子小的时候，我们似乎还可以管住孩子，随着孩子渐渐长大，越来越有自己的判断力与想法，当我们用自己都做不到的事情要求孩子时，孩子就会觉得不公平，我们的说教效果就会大打折扣。**不论我们言语多么严厉，说话的音量有多大，如果孩子在心里失去了对我们的尊重，再严厉的管教，也只会换来无视与对抗。**

所以，作为家长，不要以“大人和孩子不一样，大人可以玩，孩子要以学业为重”为借口，严以律人，宽以待己。

也许你要说，我们上了一天班回来很累啊，做父母真不容易，看手机都不自由。可你想想，孩子也是上了一天学回来，他也不轻松。所以，我们要理解孩子想玩的心理，也可以跟孩子约定时间一起放松放松，而不要仅仅要求孩子不能玩，却放纵自己。

2. 多与孩子联结，重塑好的亲子关系

心理学学者李雪说，沉溺游戏是孩子在试图自救，弥补那个空荡荡的不存在感，避免体验面对真实世界时，对父母痛苦而矛盾的依恋困难。

确实，青春期叛逆的孩子，有严重行为问题的孩子，很多都是在家庭中与父母关系不太好的孩子。

归属感是一个人重要的心理需求之一。在家庭中，如果孩子感受不到归属感，他们就会向外寻找。这时，他的首要需求是填补自

己内心的孤单，所以，他们可能会不加判断地进入一些不良的小团体，或者陷入早恋。

而归属感好的孩子，是没有这样的心理缺失的，他们在与人交往时，会考虑双方的价值观是否一致，能不能谈得来，思维水平是否相当。因为在家庭中，他们与父母有顺畅的沟通，汲取了父母的智慧，他们对交友或要不要做一件事，有更理性的判断。

我们想要解决孩子对游戏、对电子产品的沉迷，最需要反思的就是我们与孩子的亲子关系如何。我们可以问问自己：

我每天陪伴孩子的时间有多少？

我今天关心孩子学习以外的生活了吗？

孩子愿意与我主动聊天吗？

最近我和孩子的沟通质量怎样？

知道自己在这方面有所欠缺，我们就要有意识地为陪伴孩子腾出时间，多和孩子聊一聊。遇到沟通不畅的时候，要多站在孩子的角度想一想。

3. 多安排有趣的活动，充实孩子的生活

孩子沉迷游戏，多半是觉得现实世界太无聊，他们大部分也没有健康的兴趣爱好、娱乐方式，好的朋友圈。

如果你的孩子是这种情况，可以多带孩子去参加一些户外运动，平时在家里也要有意识地开展一些有意思的活动。

比如：

可以和孩子一起玩《游戏力》一书中推荐的一些游戏，或参阅《亲子打闹游戏的艺术》这本书，或者买游戏卡来找找灵感。

也可以和孩子一起在家办亲子读书会，一起看书，互相分享收获。

还可以与孩子玩一玩桌游、棋牌等。

这样的游戏，不仅益智，还能增进亲子互动。总之，想尽办法让孩子的生活充实起来，丰富起来，让孩子体验到与真实世界打交道的快乐。

4. 在使用电子产品问题上，给孩子立界限

在限制孩子对电子产品的使用时长这个问题上，家长们容易走

入两个极端。

一类家长会禁止孩子玩游戏，根本不让孩子碰电子产品；另一类家长则认为让孩子玩没关系，孩子玩够了自然就会不玩了。

对于前者，我们要小心“禁果效应”。“禁果效应”是心理学上的一个名词，指一些事物越是被禁止，越能引起人们的好奇和兴趣。禁止孩子玩游戏、使用电子产品也会出现这种情况，越是禁止，孩子越会被其吸引，平时没法玩，在父母的“监控盲区”，孩子就会控制不住想要去尝试。

反之，一味放纵孩子玩同样不明智。一个孩子玩游戏，到底要玩多久才会腻？这其中付出的时间成本是巨大的，如果他真的玩了一学期、一年，那么落下的功课怎么补？要知道，习惯于放纵的孩子，想要找回自控力并不容易。

所以，在使用电子产品这件事上，父母要学会给孩子立界限。

首先，和孩子沟通，帮孩子确立学习目标。比如和孩子一起规划，一学期、一个寒暑假要完成哪些学习任务，达成哪些目标。

其次，和孩子商量使用电子产品的时长。我们可以先询问孩子他觉得玩多久比较合适，然后再提出自己的想法，双方在此基础上商量，达成一致。

作为家长，我们在给孩子立界限时，也别忘了“最小介入原则”，也就是只有非常必要的事情才立界限，给孩子的自由度尽量大一些。

说到这里，我想分享一个我导师家的故事。

导师家的孩子学习成绩很好，导师也非常注重对孩子学习能力与习惯的培养。

导师家的孩子上初二，有一次，我看到他孩子的暑期安排，感到很惊讶。他的孩子给自己安排一大早就起来玩游戏，而且一玩就是 2 小时。因为他和同学约好了在那个时间点在线联机。

如果是我的孩子一大早就起来玩游戏，我可能会担心，一天的开始没把握好，会不会一天都松懈了；把精力最好的时间用于游戏，会不会学习时就无精打采了呢。

但我的导师试验之后发现，这么安排没问题，孩子一大早就起来玩游戏，满足了他的社交需求，打完游戏之后，孩子也就不惦记玩了，反而可以安心地认真学习。

当然，每个孩子情况不同，大家千万不要生搬硬套。我举这个例子只是想说明，我们可以适度放手，给孩子立的界限要足够宽松，让孩子有更多的自主权，哪怕我们觉得再不合理，也可以尝试一段时间，先看看孩子能不能很好地执行计划，如果做不到，我们再调整。不要一开始就先入为主，否定孩子。要知道，孩子只有感觉好，才会做得好！我们先满足了他们的需要，他们才更愿意合作。

5. 以对游戏的兴趣，带动孩子的学习兴趣

这个方法很简单，就是与孩子“做交易”。

暑假的时候，我问心心一天想看多久电视，她说想每天看 1 小时。这个时间确实不短。我对此提出了一个条件：正常情况下她每天可以看 20 分钟电视，但每写完一页生字，就可以再解锁 20 分钟看电视时间，每天最多可以解锁 2 次；不过，我需要看到她很认真地在写字，而不是为了解锁看电视时间来应付，所以写得太潦草的不算。

我们家实践下来效果非常好，不仅满足了孩子每天看电视的愿望，一个暑假下来，她还写了不少字，写字的速度提升了很多。在这个过程中，我也经常给她反馈，夸她写字会注意观察字的结构，会注意占格，每一笔都很标准，等等，她的字也真的越写越好了！

对于这个方法，大家要注意以下几点。

第一，尽量用在孩子不喜欢、相对薄弱的学习任务上。比如，练口算，写字，背英语，背诗，这些是很多孩子都不喜欢、不想做

的学习任务，也是孩子相对比较薄弱的方面，我们就可以用这样的外在动机拉动孩子的行动力，再以持续行动促进能力的提升。

第二，挑战与能力相匹配。如果作业任务太多，孩子就不愿意去挑战；任务太简单，我们又会觉得好像有点“吃亏”。所以要掌握好度。比如孩子学习 30 ~ 40 分钟，换来 20 分钟玩的时间我认为是比较合理的，但具体到实践，还要看学习任务的难度和自家孩子的状态。

第三，对孩子能力提升的反馈要及时到位，这样才能让孩子有成就感，完美地将外在动机一点一点地转化为内驱力。

怎样更好地解决孩子在成长过程中的各类“问题行为”，这件事可以说是有“套路”的。“套路”就是，我们首先尝试理解孩子为什么会有这样的“问题行为”，他要通过这些行为达成什么目的。孩子之所以有这种行为，是不是因为有未被满足的需求？只有将这些问题都思考清楚，我们才有可能找到真正“治本”的解决方法。

当然，这个过程并不容易，相比于简单的责骂、控制、批评孩子，这些解决方法往往还包含着“要改变自己”的成分。可是，如果你用同样一把钥匙开一把锁，尝试了无数次还未打开，这是不是在提醒我们，该换一把钥匙呢？

内容小结

1. 孩子沉迷游戏的原因：游戏让孩子有成就感，满足了孩子欠缺的心理需要；游戏满足了孩子的社交需求，让孩子有归属感。
2. 解决孩子沉迷游戏的问题可以从以下几个方面做起：以身作则，做有自控力的家长；多与孩子联结，重塑好的亲子关系；多安排有趣的活动，充实孩子的生活；在使用电子产品问题上，给孩子立界限；以对游戏的兴趣，带动孩子的学习兴趣。

实践出真知

觉察：你的孩子对游戏的喜爱在正常范围内吗？如果不在，那么他可能缺失了哪种心理需要？

行动：本小节推荐的应对孩子沉迷游戏的 5 大方法，哪一个让你印象最深，最想去实践呢？

第五章 Five

培养学习好习惯

孩子总粗心大意，马马虎虎，怎么办

我们检查孩子的作业或试卷时，经常会发现孩子犯了粗心大意的错误：

做数学题看错了运算符号。

没有按标准步骤规范答题。

写英语作业时写错字母。

我们问孩子怎么回事儿，孩子会说没看清或忘记了，并不是不会。

于是，我们只能认定孩子太粗心了。

记得我小时候，我妈妈也总说我“粗心大意”，被说得次数多了，我一方面感觉这好像是我的一个特点，一个不好改的毛病，因为这太抽象了，我也不知道从何改起；另一方面，这种说法又让我隐隐自满——我会想，是啊，这些我都会，我只是粗心罢了。

其实，“粗心大意”只是我们在为成绩不理想找借口，起到同样“效果”的还有“我家孩子很聪明，就是太懒，玩心重，不想学”，等等。

言下之意，只要不粗心，只要愿意努力，孩子就可以取得好成绩。为了保留这种“会成功”的幻想与可能性，孩子就更不会努力去改正粗心的毛病，因为这样的说法就像保护膜，能保护着美丽的幻想不被现实刺破。

所以，家长们不要再说类似的话了，否则就会成为孩子不去改进的“共谋”。

一、孩子粗心的原因

导致孩子粗心大意的原因很多，只有精准地找到原因，才能有针对性地解决问题。孩子粗心大意有以下 6 种常见原因，我们可以对照来看看自己家孩子符合哪一种或哪几种。

1. 知识点掌握不牢

例如孩子听写生字，偏旁部首弄错，“清早”的“清”少了三点水；“农业”的“农”没有出头，我们一说孩子立即明白，但考试时仍然丢分。这种情况就属于孩子对生字掌握得不牢，应该让孩子多练习，通过练习加强孩子对知识的掌握程度，不断查漏补缺。

2. 学习习惯不好

比如，孩子算术题总做错，进位时，十位忘记加 1，退位忘记减 1；做应用题，计算对了，但忘记写“答”；审题时，没有按老师的要求标注好题目关键词，把“多多少”算成了“少多少”……

这些情况，如果细细观察就会发现，孩子总出错是因为他做题时步骤不规范，进位退位忘记标符号，答题时没按照规定的步骤进行作答。

这时，我们就要训练孩子养成规范做题的习惯。该做的步骤，哪怕感觉烦琐，我们也要让孩子一步步写好。在这个训练过程中，要对孩子的学习习惯进行反馈，**让孩子知道，不要一味求快，做题时稳扎稳打、遵守规范，和得到正确的结果同样重要。**

3. 对概念理解不深

孩子知道 $4\times8=32$，但不知道 $2\times8+2\times8=32$。

说白了，这是孩子对乘法的概念并没完全理解，还有些模糊，所以题目稍一变形就会做错。对于这种情况，可以从基本概念入手，多举一反三，帮助孩子理解。

4. 文字理解能力欠缺，审题不清

还有时候，孩子粗心大意，是因为他审题不清，没有理解题意。

这种情况，我们可以带孩子做专项强化，带孩子多看一些题目，让孩子说说这些题目的要求是什么。平时带孩子读书时也可以多提问，比如“主人公为什么伤心了”“他为什么要这样做”，多让孩子表达他对文字内容的理解；也可以让孩子将故事讲给我们听，让孩子在这个过程中提升理解力。

5. 注意力不集中

孩子学习注意力不集中，一会儿摸摸这个，一会儿摸摸那个，东张西望，发呆神游。因为注意力不集中，孩子做题的思路总被打断，导致准确率低。

这一点，我们可以参考前文中关于如何提升专注力的内容，帮

助孩子找到原因，在家写作业时，也多使用“番茄钟”来培养孩子的专注力。

6. 视知觉能力发展失衡

还有很多家长发现孩子做错题是因为看错题目，并不是不能理解题意；孩子写英文单词时 b 和 d 容易弄混，写汉字时常常少写一划或多添一笔，或者偏旁左右颠倒，部首张冠李戴；平时读书不自觉地跳字漏行；做口算时，心里算好了是 32，写出来的却是 23；等等。

如果孩子有上述问题，都属于孩子的“视知觉能力发展失调”。

视知觉能力是指一种将到达眼睛的可见光信息进行解释，并利用其来计划或行动的能力。它包括视觉分辨、视觉记忆、视动注意力、视觉认知、视觉调适、扫视等。[①]

视知觉能力不足的孩子，在学习上可能会表现为对形近字辨别困难，容易混淆，阅读时容易跳字漏行，抄写生字容易写错等问题。

---

① 刘晓月，姜志梅 . 康复治疗临床工作指南：儿童发育障碍作业治疗技术［M］. 北京：人民卫生出版社，2019.

小学低年级的孩子存在潜在视知觉障碍问题的较多。好在很多孩子的视知觉能力都会随着年龄的增长而提升。如果问题比较严重，建议带孩子去专业的感统失调机构进行矫正。

正常情况下，我们可以在家里配合一些练习，比如让孩子玩一玩纸上迷宫、按照图纸搭积木、折纸、玩一玩“大家来找碴儿”的游戏；此外，带孩子多进行户外运动也很有好处，比如和孩子打羽毛球、丢沙包、走平衡木，这些运动都需要用视觉不断判断物体的位置与远近，从而锻炼孩子的视知觉能力。

二、如何改善孩子粗心

导致孩子粗心大意的上述六种原因中，除了注意力不集中以及视知觉能力欠缺需要不断在日常生活中进行训练，其他四种原因都可以通过同一种方法进行提升。这个方法就是面对面辅导法。

每天用 20 分钟时间，让孩子来当老师，为家长讲述课堂知识。

这个方法听上去不那么新鲜，很多家长也和孩子玩过类似的角色扮演类游戏。这个方法其实可以有很多种拓展，如果孩子多运用这个方法，将会对孩子的学习大有裨益。

我们可以先向孩子介绍什么是“面对面辅导法”，然后，从孩子最有信心的科目开始实践。

比如，孩子数学不错，那么我们可以提前和孩子约定，第二天放学回家后，让孩子花 20 分钟时间来讲讲数学课堂的内容。

首先，让孩子这个“小老师”不要看书，用他自己的话把当天的课堂内容大概讲一遍。让孩子用自己的话来复述所学知识，可以增强孩子的记忆力、口头表达能力与归纳总结能力。

概述完，“小老师”就要开始详细讲知识点，这时候，“小老师”可以参照着课本和课堂笔记来讲。讲完之后，还可以让“小老师”出题目考我们。题目最好不是课后练习册上已有的，而是让孩子自己对照练习册“变形改装”出新题目。我们做完题目，还可以请“小老师”来判对错，讲解题目。

通过这样的讲授方式，孩子对知识掌握得更牢固，也记得更清楚。

这种方法也非常符合“学习金字塔”理论。

学习金字塔（见图 5-1）是一种现代学习方式的理论。它是美国缅因州国家训练实验室的研究成果，最早是由美国学者，著名学习专家爱德加·戴尔于 1946 年提出的。它形象地展示了学习者采用不同的学习方式在两周后还能记住知识的多少（平均知识留存率）。被动学习，比如“听讲”这种学习方式，两周后的知识留存率只有 5%；对应地，“阅读”是 10%；“视听”是 20%；“演示”是 30%。而主动学习，知识留存率就高得多，以“讨论”的方式学习，两周后的知识留存率是 50%；学了之后再去“实践”，两周后知识留存率可达 75%；如果以“教授给他人”的方式学习，两周后的知识留存率则高达 90%。

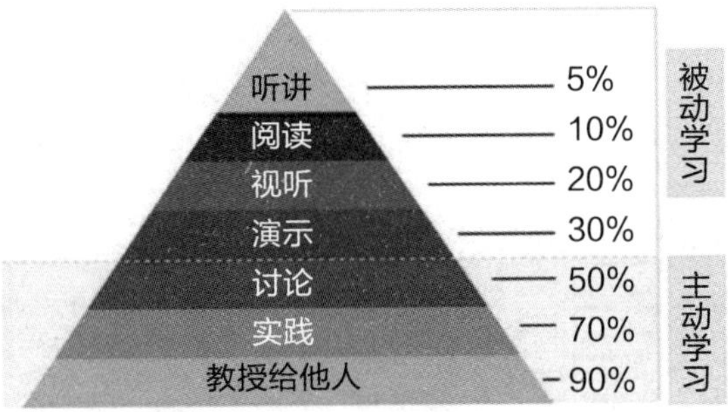

图 5-1　学习金字塔

由此可见，如果孩子仅有课堂听课这样的学习方式，两周后可能只能记住所学知识的 5%，如果再加上课后练习，知识留存率就能达到 70%；如果采用“面对面辅导法”（教授给他人），则会大大提高孩子的知识留存率。

在使用“面对面辅导法”时，我们需要注意以下一些技巧。

不同阶段，侧重点不同。无论使用什么方法，一开始，我们都要先引起孩子的兴趣，激发其主动性。所以，最开始使用这个方法时，尽量从孩子最自信的科目开始，过程中也别忘了多夸夸“小老师”讲得不错！后面养成了习惯，就可以多让孩子讲一讲自己的薄弱科目，薄弱知识点。

比如孩子总是做题不规范，就可以让“小老师”讲一讲答题的规范步骤；孩子生字不熟，可以让“小老师”多教教生字，笔顺怎么写；孩子容易审题不清，我们就可以扮演迷糊的“学生”，请教“老师”题目的意思怎么理解；我们还可以不时把题目做错，让“小老师”来检查更正，培养孩子细心的品质。

家长可以为孩子的“备课”出谋划策。比如，“小老师”准备教生字，我们可以建议“小老师”上课时先示范怎样组词造句，再提问学生；“小老师”要讲数学概念，我们可以建议“小老师”举一反三，帮助“学生”理解。“备课”过程中，“小老师”有不清楚的知识，家长可以提供帮助。

家长要提醒孩子真的把我们当作学生，要把我们当作比他低 1 ~ 2 年级的学生来看，不要觉得我们是家长，有些讲解就一带而过。同时，家长也要记住，如果孩子有讲得不对的，我们不要立即“出戏”进行指正，而要等到“课后”再反馈。

在实践“面对面辅导法”时，每天所用时间不要长，20 分钟就好。坚持下去，我们会发现孩子不论对知识的理解程度，还是表达能力、记忆力、自信心都会提升不少，粗心大意的毛病也会大为改善！同时，这也是一种高质量的亲子互动方式。

内容小结

1. 孩子粗心大意的六点原因：知识点掌握不牢；学习习惯不好；对概念理解不深；文字理解能力欠缺，审题不清；注意力不集中；视知觉能力发展失衡。
2. 改善孩子粗心大意的工具：面对面辅导法。

实践出真知

觉察：对照孩子粗心大意的六种常见原因，找一找你的孩子可能对应哪几种原因？

行动：向孩子介绍“面对面辅导法”，并约定第一次讲课时间。

写作业不爱自己思考，总依赖家长，怎么办

有的孩子写作业时，没写一会儿就开始叫妈妈："妈妈，这道题目是什么意思？这道题怎么做？"

孩子遇到难题，首先想到的就是问家长，好像家长就是行走的百科全书、标准答案。被问得多了，我们也会失去耐心，有时会直接给孩子讲题，有时会忍不住批评孩子："什么事都问我，我不在怎么办，你就不能学会独立思考吗？"

孩子的很多习惯都是平时在与父母的互动中，在父母的反馈的影响下养成的，有的父母反而时常批评、责备孩子的习惯。

父母要有这样一种意识：**当孩子出现某种问题时，可能是在提醒我们，孩子需要帮助与支持了。**比如，孩子不爱思考、依赖性重，这是在提醒我们，孩子需要我们帮忙去提升他的独立思考能力。

对孩子说话时，父母也要有这样一种觉知，我们想达成的目的

是什么？为了达到这个目的，应该怎样说？孩子遇到难题就依赖父母，如果父母直接给孩子讲解做题方法，就无法培养孩子独立思考的能力，会再一次加重孩子的依赖性；如果父母总批评责备孩子不思考，只会增加孩子消极的自我认知，并不能帮孩子学会思考。要知道，孩子的很多能力与习惯，是需要父母花时间去训练和培养的。

一、养成好的互动习惯，提升孩子的思考能力

当我们能思考到这一层的时候，就开始走在寻找正确方法的路上了。那么，怎样让孩子乐于思考呢？

1. 回答孩子的问题前，请孩子先猜一个答案

不知道大家有没有这样的习惯：孩子一问我们问题，我们就想答案是什么，然后想想怎样说孩子才能懂；如果我们也不知道答案，第一反应就是去网上搜索一下。

父母的这种反馈方式，会让孩子认为任何问题都有一个正确答案，只有“知道”与“不知道”的区别，自然就不必学会思考。

我们成年人很多时候也依赖网络，依赖搜索，渐渐失去了独立思考的能力。

要改变这样的情况，我们可以在每一次遇到问题时，先和孩子想一想可能的答案是什么，大胆去猜一下！

很多父母带着育儿问题来向我咨询，我有时会反问他们，你觉得为什么会出现这个问题，怎么解决呢？

通常这么一问，他们就会有更深入的思考。又因为做父母的最了解自家孩子，有时他们说着说着，自己就豁然开朗了，同时还会发现，原来自己这么有智慧！

当我让孩子猜一个答案时，孩子的回答与思考也常常让我惊叹他们的思维水平。

记得有一次，我带着3岁的小女儿媛媛骑电动车去超市，从超市出来时，她看到风把车吹倒了。她呆呆地问我："妈妈，为什么风把我们的车吹倒了，有的车就没有被吹倒呢？"

当时我差点儿脱口而出"我们的车轻呗"，但还是想了想，问她："你觉得为什么？"

"妈妈，我也不知道！"她说。

"那你猜一下。"我鼓励她。

她想了想说：“因为别的车更重！”

“嗯，我也觉得！哇！媛媛都会自己思考了！”我这样一鼓励，明显感觉她突然变得更自信了，于是，她又忍不住多解释了几句。

接下来，我又补充说：“妈妈觉得和车停的位置也有关系，如果旁边有遮挡物，挡住了大风，车子也不会被吹倒！”

她觉得很有道理。

晚上，我又把这件事说给了大女儿心心听，心心想了想，也想出了一个答案。她说：“有的电动车的车撑子很重、很稳，这样的车子也不容易被吹倒。”这个答案还真是我没想到的。

你看，我们一个小小的提问，就可以引发孩子这么多有意思的思考，只是平时很多时候，我们忘记给孩子机会。

2. 启发式提问 + 反映性回应

还有些时候，我们仅仅让孩子猜一个答案，他们是没有具体思路的，这时我们可以再加上一些“启发式提问”，帮助孩子填充思考的细节，如果我们还能用上“反映性回应”，又会大大增强孩子的自信心。

之前，心心的班里要举办一个旅行分享活动，心心想分享，但又不知道分享什么，怎么分享。

她苦恼地说："我们同学暑假都去很好玩的地方玩了，我的旅行好像没那么有意思，我都没有印象了，怎么分享呢？"

"嗯，好像是的，不过，你也不一定要分享好玩的呀，我们可分享的东西很多，比如你觉得哪件事是最难忘的、最吓人的、最伤心的，总之能让你记得的、印象深刻的、能勾起你情绪的事件都可以。你想想有什么？"我问她。

她想了想说："对了，上次去北戴河，在海滩玩耍时我和你们走散了，十几分钟都没见到你们！这件事可以分享吗？"

"当然可以了！那你分享这件事的目的是什么？能让听的人有什么收获呢？"我问她。

"我可以把这段经历分享给同学，告诉他们如果和家长走散了可以怎么做。"心心想了想说。

"对，没错！这个想法很好！"接下来，我又让心心尝试去讲述这个故事，问她："你当时是什么心情？"

她说："当时，我在海滩上跑啊跑，一转头看不到你们的时候，我很紧张！担心找不到你们了！但是我很快又告诉自己，不要紧张，要镇定下来想办法。我想到，以前你告诉过我，可以向周围的大人寻求帮助。”

“你的描述很细致。刚开始是紧张，然后告诉自己要镇定，让我一下子对你当时的心情感同身受了！”我回应她。

我们就这样一直聊着，直到梳理完了整个“分享”。在这里，我就用到了“启发式提问+反映性回应”。通过启发式提问，引导孩子从不同的角度进行自主思考，层层深入。

反映性回应，是以“你”字开头，清晰地描述孩子的行为和思考过程。就像我说的“你的描述很细致。刚开始是紧张，然后告诉自己要镇定，让我一下子对你当时的心情感同身受了”，这样的回应，强调主体是“你”，能让孩子感到“我是有能力的，我挺会思考的，我的思路还不错”。

当我们一面细致地启发孩子思考，一面肯定孩子思考的过程，两者结合，会大大提高孩子的思考力，也会让孩子对自主思考有信心，有兴趣！

“启发式提问+反映性回应”是一套简单好用的日常引导方式，能帮助孩子学会独立思考。

二、利用思维层次理论培养孩子深入思考的能力

20 世纪 50 年代，美国教育研究中心的布鲁姆博士提出一个教育目标分类框架，即布鲁姆教育目标分类（见图 5-2）。这个框架对应了思维的六个层次，从低到高依次是记忆、理解、应用、分析、评价、创造。

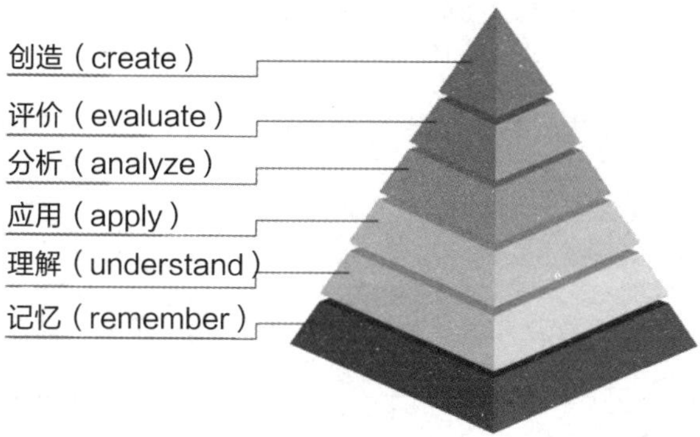

图 5-2　布鲁姆教育目标分类

我们在启发孩子思考时，可以沿着这六个思维层次来引导，越往高层次引导，越能培养孩子的高阶思维能力。

第一层：记忆。很多时候，孩子问我们一个问题，我们直接给孩子提供一个答案，对于孩子来说，这就相当于“记忆”。

比如，当孩子问我们什么是乘法时，我们解释给孩子听。

孩子问我们“为什么风会把电动车吹倒”时，我们直接回答孩子“因为风大”。

第二层：理解。也就是让孩子学会用自己的语言去讲述。

比如用“面对面辅导法”让孩子用自己的语言说一说什么是乘法。孩子能说出来，是要建立在理解的基础之上的。

第三层：应用。指的是将已经学到的知识放在合适的情境下去使用。

比如，孩子学了乘法之后，我们在购物时可以让孩子用乘法来计算金额；又比如，我们问孩子：“每天读 3 本分级读物，那么一个月一共能读多少本？”如果孩子能答出来，就表明孩子学会乘法应用了！

第四层：分析。分析能力是能够准确地将事物分解成基本特征，并能够说出这些特征之间关系的能力。

如果说前三层思维能力对孩子来说比较容易掌握，那么第四层及以上的思维能力，则需要我们有意识地培养孩子。

比如，当孩子学了乘法之后，我们可以问问孩子：乘法和加法有什么相似点？有什么不同？为什么要发明出乘法？为什么要背乘法口诀表？

除了让孩子借由这些提问去思考，也可以与孩子展开讨论，培养孩子的分析能力。

第五层：评价。也就是邀请孩子用某个标准来判断一些事。判断时不必基于常识，不同的标准下可以有不同的答案。

比如妹妹过生日时，我们可以问问孩子给妹妹选什么礼物比较好，为什么？

去度假时，与孩子讨论乘坐高铁更好还是乘坐飞机更好？为什么？

这些都属于“仁者见仁、智者见智”的问题，每个人的判断标准不同，答案自然不一样。回答这样的问题并不简单，比如给妹妹选择生日礼物的时候，要考虑到妹妹的喜好、礼物的实用性，耐用性；选择交通方式，要考虑到每种交通方式的性价比、便捷性、安全性等。当我们对这些维度有了充分的了解，才能更好地进行分析。同样，当我们分析和理解了事物的本质特征，才能够找到更好的评价标准。

到了“评价”这一层，我们对很多事物的看法就实现了从被动到主动的转化。我们会发现，每个人在做选择的时候依据的标准都不一样，有些人的选择更加科学、合理，是因为他在思维层次的第四层有了更精准的分析，真正抓住了对一件事进行选择的依据。

在这个层面，家长可以多邀请孩子参与日常生活的决策，还可以在孩子选择过程中，给孩子提供更多的选择维度。慢慢地，孩子的判断力、选择能力都会得到提升。

第六层：创造。创造是在学习中整合不同的知识、概念、见解，形成新的知识、新的理念、新的见解的能力。

比如：孩子学习了乘法的概念，让他们用加法的方式来做一张属于自己的乘法口诀表；

马上要出去旅游了，和孩子一起做一张行程图；

读完了一本书，让孩子为这个故事改编一个不同的结尾。

要想让孩子有更深的思考，有高阶的思维能力，我们要学会尽量从分析、评价与创造这三个层面多引导孩子思考。

例如，我们带孩子去公园玩，在观察大树时可以问孩子这些问题：

为什么树叶都散开生长呢？

都说植物也有生命，那它们是怎么吃饭喝水的？

为什么有的树叶很大，有的树叶比较小？

在春天和夏天，树叶为什么是绿色的，为什么不和花儿一样是各种颜色的呢？

为什么大树需要有树枝呢？

为什么有的树四季常青，有的树就不行？

为什么不同的树种会呈现不同的形态呢？

当我们想到这些问题时，可以提出来与孩子一起猜一猜。有些家长遇到自己不知道答案的问题就不敢对孩子提出来，其实不必顾虑。父母无须成为孩子心中无所不知的“百科全书”，相比之下，孩子们更需要的是和他们一样有好奇心，并可以与他们一起去寻求问题答案的父母。

当我们带着问题在书中或网络上寻找答案或向他人请教时，也能让孩子学会解决问题的多种方式，感受书本以及知识的魅力。

这种练习也许对大家来说有些难度，那么，在日常生活中，我们如何去实践呢？建议大家可以从孩子的问题出发。

每个孩子都爱问“十万个为什么”，当孩子问“为什么爸爸要系腰带”“为什么家里养的鱼会死”“为什么煮熟的鸡蛋里会有一块空隙”时，我们都可以参照高阶思维来引导孩子。

比如我们可以这样回应孩子的问题：

如果不系腰带会怎样？

为什么腰带是这样的材质，我们能用绳子代替它吗？有什么不同？

穿什么样的裤子可以不用系腰带？它们有什么特点？

女生系的腰带和男生系的有什么不一样？

你能设计出一条属于自己的腰带吗？你会选用什么来做？

在与孩子一起探索的过程中，尽情大开脑洞设想各种问题，相信你们会有很多有趣的发现。

读到这里，面对孩子不爱思考的问题，你是不是有了很多思路与方法？是啊，孩子的每个“问题”背后都暗藏着给家长的提示，提示家长在家庭教育中有哪些地方还没做到位，提示家长该学习更多的好方法。

提升孩子的思考能力，说到底，需要的是家长的提问能力。当我们能提出一个又一个好问题，孩子就有了思考的机会。如果我们在这个过程中适时给予孩子鼓励，孩子就能越来越自信地思考，思考能力就会越来越强，最后养成独立思考的习惯。

内容小结

1. 为了提升孩子的思考能力，我们可以养成这样的互动习惯：回答问题前，先请孩子猜一个答案；多用“启发式提问＋反映性回应”。
2. 思维的六个层次：记忆、理解、应用、分析、评价、创造。

实践出真知

觉察：读完本节内容，你最大的收获是什么？为什么？

行动：回忆孩子最近提出的一个问题，尝试用高阶思维对孩子进行拓展性提问。

孩子写作业姿势不对，为什么越提醒越不改

一、是孩子有问题还是自己有问题

有的孩子写作业时弯腰驼背，甚至趴着写，眼睛距离书本太近，握笔姿势也不对。家长担心这样会造成孩子脊柱侧弯、近视、斜视等问题，于是总会提醒孩子端正姿势。可怎么提醒都没有用，没几分钟孩子又会恢复原状，这该怎么办呢？

在解决这个问题之前，我们首先要考虑以下两点。

1. 评估孩子的姿势错误是很严重，还是在正常范围内

我们知道，正确的写字姿势是“三个一”：胸离桌一拳，眼离书一尺，手握笔一寸。但一直都保持这样的标准姿势并不容易。人

的注意力都是有限的，当孩子将注意力分配在做题、读书上时，难免会对保持正确姿势有所放松。意识到这一点，我们就能降低期望值，对孩子有更多的理解。当然，如果孩子的姿势错误非常严重，确实会影响孩子的生长发育，还是要重视起来。

2. 向内看，觉察自己的情绪

有的父母会因为这个问题而焦虑，一看到孩子姿势不对，就仿佛看到孩子将来戴上眼镜或驼背的样子，就会大声提醒孩子；还有的父母会因此深感挫败、无力。而且还可能由这个问题想起养育中还有很多类似的情况，就更加生气。当我们看到自己这些情绪时，可以问问自己：我是不是陷入了“灾难化思维”，将问题看得太严重了？我能不能使用更好的方法纠正孩子？我的无力感、挫败感是不是不仅仅来源于养育，还来源于工作或人际关系？我能不能找人说一说？

在解决任何育儿挑战之前，都可以先从这两点出发对问题产生的原因进行评估。评估孩子的状态；反观自己的情绪是否受自身思维、观念的影响，有没有迁怒于孩子。评估完之后，如果觉得还有必要，我们就进入解决问题的层面。

二、用“错误目的表”分析孩子发生错误行为的目的

《正面管教》一书中指出，孩子的一切行为都是在寻找归属感和价值感。**一个行为失控的孩子是一个丧失了信心的孩子**。当孩子没有归属感和价值感时，往往会做出一些错误的行为，成为我们日常面临的养育挑战。想要解决这种挑战，需要先识别孩子错误行为背后的目的。

同样是握笔姿势、坐姿错误问题，每个孩子行为背后的目的是不同的。我们只有找到孩子错误行为的目的，才能做出正确反应。

个体心理学之父阿德勒将孩子发生错误行为的目的归结为四类：寻求过度关注、寻求权力、报复和自暴自弃。

那么，如何判别孩子发生错误行为的目的是什么，他们的感受与需要是什么呢？《正面管教》一书提供了一个实用工具——错误行为目的表（见表 5-1）。下面我们来说一说怎样使用表 5-1。

先查看表 5-1 第 2 列，找到与自己的感觉最接近的描述，我们的感觉是了解孩子错误行为目的的第一条线索；接下来再看第 3 列和第 4 列，面对孩子的行为，我们想采取的行动是什么，以及孩子的回应是什么，这是判断孩子错误行为目的的第二条线索。通过第 2、3、4 列，就可以判别孩子错误行为的目的是什么。然后再看第 5 列“孩子

表 5-1　错误行为目的表

1	2	3	4	5	6
孩子发生错误行为的目的	家长或老师的感觉	家长或老师想采取的行动	孩子的回应	孩子行为背后的信念	家长或老师的鼓励性的回应
寻求过度关注（操纵别人为自己奔忙或得到特殊服务）	心烦 恼怒 着急 愧疚	提醒 哄劝 替孩子做他自己已经会做的事情	暂停片刻，但很快又回到老样子，或换成另一种打扰人的行为	唯有得到特别关注或特别服务时，我才有归属感 唯有让你们为我团团转时，我才是重要的	通过让孩子参与任务，转移孩子的行为 “我爱你，而且……（例如：我在乎你，等会儿会花时间陪你。）” 安排特别时光，建立日常惯例 花时间训练孩子 召开家庭会议或班会 默默地爱抚孩子 设定些无言的暗号
寻求权力（我说了算）	被激怒 受到了挑战 受到了威胁 被击败	应战 投降 心想：“你休想逃脱”或“瞧我怎么收拾你” 希望自己正确	变本加厉 屈从而内心不服 看家长或老师生气而觉得自己赢了 消极对抗	唯有当我来主导或控制，或证明没有谁能主导得了我的时候，我才有掌控感 “你制服不了我”	承认你不能强迫孩子，并请求孩子帮助 既不要开战也不要投降，而是撤离冲突，让自己冷静下来 坚定而和善 不说，只做 决定你该做什么 让日常惯例说了算 培养相互的尊重 给予有限度的选择 在设立一些合理的限制时得到孩子的帮助 坚持到底 鼓励 引导孩子把权力用在积极的方面 召开家庭会议或班会

（续表）

1	2	3	4	5	6
孩子发生错误行为的目的	家长或老师的感觉	家长或老师想采取的行动	孩子的回应	孩子行为背后的信念	家长或老师的鼓励性的回应
报复（以牙还牙）	伤害 失望 难以置信 憎恶	反击 以牙还牙 心想“你怎么能这样对我？”	反击 伤害别人 毁坏东西 以牙还牙 行为升级，或换另一种武器	我没有归属感，受到伤害就要以牙还牙 “我反正没人疼爱”	处理受伤的感觉：“你的行为告诉我，你一定觉得受到了伤害，能和我谈谈吗？” 避免惩罚和还击 反射式倾听 做出弥补 鼓励其长处 召开家庭会议或班会
自暴自弃（放弃，且不愿别人介入）	绝望 无望 无助 无能为力	放弃 替孩子做 过度帮助	更加退避 消极 毫无改进 毫无响应	我不相信我能有所归属，我要让别人知道不能对我寄予任何希望 我无助且无能 既然我怎么都做不好，努力也没用	表达对孩子的信任 小步前进 停止批评 鼓励任何一点点的积极努力 关注孩子的优点 不要怜悯 不要放弃 给孩子设置成功的机会 教给孩子技能，示范怎么做 真心喜欢孩子 以孩子的兴趣为基础 鼓励，鼓励，鼓励 召开家庭会议或班会

行为背后的信念”，这是孩子对如何获得归属感和价值感的错误理解。第 6 列（家长或老师主动的、鼓励性的回应，以下简称“鼓励性回应”）为我们提供了一些解决问题的思路及具体的干预措施。

三、对症下药找到解决办法

根据表 5-1，我们可以针对孩子写作业姿势不对等问题，找出具体的解决办法。下面我们分别对孩子发生错误行为的四种目的展开讨论。

1. 孩子在寻求过度关注

如果我们在面对孩子的某种错误行为时的感受是心烦，恼怒，着急；我们采取的行动是不断地提醒孩子；而孩子呢，被提醒时暂时改正错误行为，但很快又回到老样子。那么，对照表 5-1，我们就能看到，这种情况和表中第 1 行的第 2、3、4 列的描述比较吻合，而第 1 行第 1 列“孩子发生错误行为的目的”对应的是：“寻求过度关注”。

从表 5-1 可以看到，与这种情况相对应的，孩子行为背后的信念是（第 1 行第 5 列）：唯有得到特别关注或特别服务时，我才有归属感；唯有让你们为我团团转时，我才是重要的。

出现这种情况，常常是因为孩子感觉父母对他陪伴不足、关注不够、很少鼓励。注意，这里是“孩子感觉”。也许我们觉得对孩子的关注不少，但孩子感觉不够，于是，他们就会出现这样的信念。对于孩子来说，哪怕是提醒、批评、责备都好过无人关注，所以他们会通过做出一些让父母头疼的行为吸引父母的注意。这就像 2 岁多的孩子不断地要求父母抱抱，3 岁多的孩子不停地在父母面前哭，很多时候都是为了吸引父母的注意，从而找到自身的价值感。这时候，孩子真正想说的是：重视我，让我发挥作用。

对于这种情况，我们可以怎么做呢？表 5-1 第 6 列“鼓励性回应”中列举了面对这类错误行为的一些常见解决办法，我们可以从中找出符合当前情况的办法。比如，在这里，我选择以下两种解决办法。

让孩子参与任务，改变孩子的错误行为。只有被关注才证明自己有价值，这是孩子的一个错误想法。因为有这个想法，孩子才会不断寻求关注。那么，我们可以让孩子参与一些任务，让孩子找到真正的价值感，比如让孩子学会做时间规划，完成“番茄钟”，并在过程中鼓励孩子，给孩子积极反馈，让孩子真的感觉“我还不错”。当孩子发现自己的积极行动能得到妈妈的关注，他就不会通过做出错误行为来寻求关注了。

召开家庭会议或班会，让孩子参与解决问题。这也是通过一种更健康的方式赋予孩子价值感。我们可以问问孩子，“妈妈总是提醒你，可没一会儿你又回到老样子了，我真的很担心你的坐姿、握笔姿势问题，你觉得怎么解决这个问题比较好呢？”孩子对自己想出的解决方案，往往配合度更高。

2. 孩子在寻求权力

如果我们对于孩子的某种错误行为感觉被激怒，感觉受到了挑战与威胁，因而想“应战”，暗想“瞧我怎么收拾你”；而孩子的行为是消极对抗，你盯着他的时候他坐得还算端正，你一转头他就“千姿百态”，或者他就是不好好坐，惹你生气。那么基本就能确定，孩子是在“寻求权力”。

出现这种情况，往往是因为孩子感觉总被父母控制，没有自主权，想通过行为上的不妥协，来表达内心的抗议和不服气。

孩子内心相信“我能掌控一切，没人能管得住我”。这时，父母越让孩子往东，孩子越往西，“往西”往往不是因为他觉得“西”是正确的方向，而是为了与父母不一致。

揭开孩子错误行为的面纱，此时孩子真正想要的是选择权与自主感。

对照表 5-1，我们可以找到与这种情况对应的“鼓励性回应”，比如：

培养相互的尊重，给予有限度的选择，设立一些合理的限制。我们可以真诚地向孩子表达我们的担心，并一起商讨如何解决问题。如果孩子说，当他坐姿不对的时候，我们只要拍一拍他的背他就知道了，他不喜欢被大声提醒，那么，我们就按照孩子说的做。当孩子觉得自己有一定的自主权时，他才愿意合作。同时，对于客观的、提前约定好的规则，孩子也不会感到自己必须听从于父母。

撤离冲突，让自己冷静下来。缓解权力之争最关键的一点，就是父母要觉察权利之争的存在。我们想让孩子听话，孩子却与我们对着干，这时，父母需要主动退出“斗争”，回到感情层面，去共情孩子：“妈妈知道，我总是提醒你‘坐好，坐好’，让你觉得很烦躁，不想听妈妈的话，对吗？妈妈有时和你感觉一样，当别人总想让我干什么的时候，我就会很不想干，”然后再心平气和地表达自己的感受："其实妈妈只是很担心你的视力，担心视力不好会给你将来的生活带来很多不方便。当你不愿意听我的话时，我也在想，是不是妈妈说话的方式不对，我也不知道怎么做会更好一点。"这样坦诚、心平气和、带着爱意的沟通，能浇灭权力之争的"战火"。当情绪消散了，解决问题的办法就会浮现出来。

3. 受伤的孩子在"报复"

这种情况更为严重。

比如，我们一直提醒孩子注意坐姿，孩子就是不听，于是我们开始责骂孩子："你这孩子怎么一点都不知道为自己负责，我跟你说了多少遍，你都不改，还总趴着写，眼睛不要了吗？"

孩子听完，更不开心了，不仅不改正姿势，当晚写作业的效率也变低了，拖拉、磨蹭。

我们在这件事上的感觉是很难过、很失望，难以置信，心想，你怎么这么让我操心呢。

对照表 5-1，孩子发生错误行为的目的很可能是"报复"——他认为，"你让我不高兴了，我也要让你生气""你总是因为这件事说我、批评我，我就不要改！”

其实孩子内心真正想说的是：我的情感被伤害了，我希望你能在乎我的感受。

我们可以怎么办呢？在表 5-1 的“鼓励性回应”中，同样可以找到解决办法，比如：

处理受伤的感觉。父母们要意识到，发展到这样的程度，孩子内心一定是有委屈与伤痛的，负面情绪不舒散，孩子的错误行为就不会改正。所以，我们需要倾听孩子的心声，可以问问孩子：“你之所以有情绪，是不是因为妈妈有做得不好的地方，让你伤心了，你能跟我说说吗？”记住，当我们发出这样的邀请后，不论孩子接下来说什么，哪怕有我们不认同的部分，也尽量不要打断孩子去解释自己这么做的理由，因为这种类似为自己辩解的回应方式可能会让孩子再次关闭与我们沟通的大门。

做出弥补。如果需要的话，我们可以为自己之前的不当言辞或情绪失控向孩子道歉：“对不起，妈妈生气时说的那些话让你伤心了。”**有时，一句对不起，就足以让孩子释然。**

4. 孩子开始自暴自弃

如果问题没有在出现第三种情况时得到解决，任其继续发展，我们依旧不断地批评、否定孩子，就会进入更严重的局面。孩子不仅仅在这个问题上毫无改进，消极应对，而且在很多问题上都不再回应我们。这会让我们感到非常绝望、无助，想要放弃教育孩子，感觉一切毫无指望了。

孩子的错误想法是“我不相信我能有所归属，我要让别人知道不能对我寄予任何希望”“我无助且无能”“既然我怎么都做不好，努力也没用”。

孩子之所以会这么想，是因为积攒了太多的伤痛与失败，对自己失去了信心。可实际上，孩子内心的渴望是：不想被放弃，希望被鼓励，他也想看到自己有进步。

这样棘手的情况，我们可以怎么做呢？对照表 5-1 中对应这种情况的“鼓励性回应”，我们可以做的有：

小步前进；停止批评；鼓励任何一点点的积极努力。这种情况，孩子已经是破罐子破摔的心态了，所以，不要再雪上加霜，批评孩子。虽然我们对孩子也很失望，但我们不能放弃，要对孩子有信心。我们要降低期望，陪着孩子小步前进，关注他的优点，鼓励他做得好的地方，帮助孩子一点一点找回信心，也找回亲子间和谐的状态。这个过程非常不容易，需要我们有极大的耐心、包容心与爱。

到这里，我们就利用"错误目的表"找到了"孩子握笔姿势不对，坐姿错误，为什么越提醒越不改"这个问题的四种可能原因，以及相应的解决办法。

"错误行为目的表"是一张很实用的表格，很多常见的育儿问题，都能利用这张表找到解决方案。各位家长可以在生活中多多尝试。

内容小结

1. 孩子写作业姿势不对，需要考虑两点：第一，评估孩子姿势错误的程度是很严重还是在正常范围内；第二，找到自己情绪的真正来源。
2. 利用"错误行为目的表"找到孩子"越提醒越不改"可能是这些原因：孩子在寻求过度关注；孩子在寻求权力；受伤的孩子在"报复"；孩子开始自暴自弃。
   针对不同原因，在对应的"鼓励性回应"一栏找到相应的对策。

实践出真知

觉察：回想生活中的育儿挑战，你孩子错误行为的目的可能是哪一种或哪几种？你对自己的养育方式有什么反思与新发现？

行动：尝试用“错误行为目的表”分析最近的一个育儿挑战，找到解决问题的办法。

如何教会孩子
高效利用课堂时间

前文讲了怎样陪孩子写作业，怎样安排好孩子在家的学习计划，这些都非常重要，但更重要的是孩子在学校的听课效率。

在学校听课效率高的孩子，课后的学习会非常轻松，他们对所学知识有深入的理解，掌握得比较好，课后只需要复习、巩固一下就好。

相反，听课效率低的孩子，在小学低年级阶段也许还看不出与同学的差距，可越往高年级，学习就会越吃力。

我家大女儿心心就属于在学校听课效率高的孩子。心心上一年级时我就发现，虽然我们在她幼小衔接时没有做太多准备，但只要是课堂上教过的知识点，她都能很好地掌握。回家写作业也很快。

在教孩子如何高效利用课堂时间这个问题上，我都做对了什么呢？总结一下，一共有以下四点。

一、帮孩子与老师建立好的关系

孩子与老师的关系，对孩子能不能上课认真听讲有很大影响。

如果孩子喜欢某位老师，老师对孩子的印象也不错，那么上课时孩子就会非常专心，积极参与课堂互动，他们会努力学好这门课，不让老师失望。相反，如果孩子与老师关系不好，老师对孩子的评价也不高，那么孩子在学校就会很没有归属感，不好好遵守课堂规则，影响听课效率。

很多父母觉得这一点是不可控的，孩子喜不喜欢老师，好像跟孩子的喜好有关，父母又能怎样从中帮助孩子呢？对此，我给大家两点建议。

1. 父母要成为孩子与老师之间沟通的桥梁

作为家长，我们可以定期与老师沟通，了解孩子在学校的表现。当然，沟通的频率很重要，不要太频繁，以免占用老师太多时间；也不要太久不沟通，以免孩子有问题无法及时发现。一般来说，一个月沟通 1 ~ 2 次比较合理。

在与老师沟通的过程中，我们可以多向老师反馈孩子喜欢老师的地方，在家说过什么话等。事后也向孩子传达，老师说孩子有哪些做得好的地方，对孩子有什么称赞。

在我们家，因为我有对孩子表达爱的习惯，所以孩子也会主动向他人表达爱。心心有时会用我的手机给老师发信息，表达她对老师的喜欢；假期中也会表达对老师的想念；老师嗓子哑了，她还提醒老师要多喝水、好好休息。这些完全是她自发的表达。

记得一次，老师还回复她："你知道吗，当你喜欢一个人的时候，对方是能感受到的！而且喜欢是相互的，你喜欢我，我也很喜欢你！"

心心听了，开心了一晚上！

老师说的确实没错，如果老师知道一个学生很喜欢自己，那她也会更喜欢这个学生。所以，要鼓励孩子表达爱。如果孩子没有这样的表达习惯，家长就要多发挥桥梁作用，帮助孩子传达对老师的爱。

如果孩子很不喜欢某个老师，怎么办呢？我们就需要多倾听孩子诉说，他为什么不喜欢，是不是因为某些事受委屈了。听孩子诉说完，并表达对孩子的理解后，可以再引导孩子说一说这位老师有什么优点。帮助孩子看到，任何人都是既有优点又有缺点的，我们要综合看待。

2. 做一个热心助人的学生家长

家长要学会和老师处好关系，老师自然就会更喜欢、更重视你的孩子。怎样处好关系呢？最重要的就是要学会站在老师的角度看问题，必要时给老师提供支持与帮助。

心心上幼儿园时，是幼儿园舞蹈团的成员。舞蹈团经常会有一些演出活动，2 ~ 3 个老师带一群孩子外出非常辛苦。老师忙不过来时，我会观察老师是否需要家长帮忙，在需要时第一时间报名做志愿者，比如帮忙给舞蹈团的孩子化妆，熨衣服等。帮忙多了，我与老师也更熟悉了。老师自然也会多关注心心，能时常看到心心的进步并提出表扬。老师给的正反馈多了，心心也更喜欢老师，更爱跳舞了。

不管是孩子在幼儿园，还是在小学，我都积极报名心心班里的“家委会”，承担一些班里的服务性工作。家长支持老师的工作，体谅老师的辛苦，与老师保持好的关系，老师与孩子的关系也会更好。

二、保证孩子有充足的睡眠

这一点也是我非常重视的。孩子每天在家的这段时间，我的第一要务是帮助孩子提升学习效率；第二就是把握好孩子的作息。

对于小学生来说，正常的睡眠时间需要达到 9 ~ 10 小时。心心属于精力充沛的孩子，一般来说，我们会保证她睡足 9 小时。每晚 9 点她就要躺在床上，准备入睡。早上 6：45 起床。有了充足的睡眠，孩子上课才能头脑清醒，注意力集中，认真听课，积极互动。

大家也可以算好睡眠时长，将孩子的上床睡觉的时间点作为一个硬规则去执行。这件事再重视也不为过。

三、让孩子提前预习，带着问题去听课

我们都知道，孩子的注意力是有限的，小学低年级的孩子，注意力集中的时长为 10 ~ 20 分钟，而一节课是 40 ~ 45 分钟。

所以孩子在课堂上偶尔走神是难免的，但如果让孩子带着目的，带着问题去听课，注意力就更容易集中，听课效率就会高很多。所以，我们要教会孩子做好预习。

预习并不是要提前把第二天课堂上要学内容都学一遍，而是大概了解第二天要讲的新概念是什么，通读课本之后，标记好自己不理解的内容。对于语文和英语的预习，还可以让孩子找出不认识的字或单词，提前圈出来，并问问自己，这个字的笔顺我会写吗，哪个词的意思我不懂，然后在听课的过程中找答案。

结合“面对面辅导法”，我们可以在后续“听课”的过程中，再请教“小老师”预习时的困惑与问题，看看“小老师”有没有弄明白。

四、教孩子掌握高效听课的技巧

你是不是经常对孩子说“要认真听课”？可什么是认真，孩子不一定有概念。我们可以再细化一下认真听课的要点。

1. 眼、口、耳、心全到齐

可以告诉孩子，上课铃一响，就要通知身体的各个部位立即集合，开始工作。

眼睛，它的任务是上课看着老师，看着黑板；

嘴巴，要跟着老师的提问、课堂的内容，一起说；

耳朵，要听清老师的话，同学的回答；

心，要跟着课堂内容走，思考自己有没有理解。

告诉孩子要像一个统领它们的大将军，哪一个“小士兵”不听话，走神了，都要把它拉回来。

2. 强调一定要积极参与课堂互动

很多时候，我们喜欢问孩子“上课有没有认真听讲”，其实这样问不如问孩子“今天你举手发言了几次呀”，多关注孩子有没有积极参与课堂互动。

一个愿意举手发言、积极参与课堂互动的孩子，课堂学习效率不可能不高。因为他一直跟着老师的思路走，不仅在听，还在思考。

我们还要告诉孩子：就算老师没提问你，每一次老师提问，你都要当成是在问自己，把其他同学的回答与自己的答案做一个比较，看一看学到了什么。

放学接孩子的时候，也可以问问孩子，今天课堂上你觉得哪位同学回答得很好？你今天的举手发言怎么样？

如果孩子不肯主动参与课堂互动，可能有以下两个原因。

一是担心犯错。这类孩子可能是对自己的要求很高，也有可能是接收了太多的表扬，担心自己回答不好或回答错了，会损害自己在老师和同学心中的形象。

这样的孩子多半属于固定型思维，他会将自己的每一次课堂表现、每一次测验都当成个人水平的得分。如果是这样的话，我们要反思，平时与孩子的沟通方式有没有让孩子感觉我们非常在乎结果，或者是不是和孩子沟通时习惯对孩子评价太多，导致孩子不敢发言。

要告诉孩子，我们要欢迎错误，只有发现了错误与不足，才会成长，才能变得更厉害。上课积极发言，就是一个发现不足之处的很好的方式。

二是没理解老师的问题，没想出来答案，或者不知道该怎么说。这一类孩子属于有积极性，但能力上有所欠缺。他们常常还没有搞清楚老师问的是什么，答案是什么，别的孩子已经抢着举手了。如果是这种情况，就要多多关注孩子在学习上有哪些薄弱点，是否需要家长帮忙。

在家里，也要多培养孩子的综合能力。坚持和孩子亲子共读就是一种很好的方式。

在与孩子一起读书的过程中，我们要善于提问，比如：你猜主人公现在是什么心情，你猜他会怎么处理这件事，你觉得最后的结局会怎样？合上书，还可以与孩子讨论：这本书讲的是一个怎样的故事？你最喜欢谁？为什么？

这样的互动讨论，能很好地提升孩子的理解力、归纳总结能力与语言表达能力。这些能力提升了，孩子就能跟上课堂节奏，更有自信去参与互动。

内容小结

让孩子高效利用课堂时间的四个办法：帮孩子与老师建立好的关系；保证孩子有充足的睡眠；让孩子提前预习，带着问题去听课；教孩子掌握高效听课的技巧：眼、口、耳、心全到齐；积极参与课堂互动。

实践出真知

觉察：你的孩子听课效率高吗？对照本节内容，思考一下你或孩子在哪些方面需要提升？

行动：根据本小节内容，迈出自己的一小步行动去实践。

第六章 Six

父母的情绪管理

陪孩子写作业，忍不住情绪失控怎么办

一、不要把愤怒当作控制孩子的手段

可能大多数父母都有过因为陪孩子写作业对孩子发火的经历。虽然我是一个脾气很温和的人，在大女儿心心上幼儿园时，也因为陪她写作业冲她发过两次很大的火。

有一天晚上，心心读英语分级读物，this、that 这样简单的单词，她大概问了我十几遍，每次遇到还是不会读，起初我还耐心地告诉她怎么读，后面就实在忍不住了，便对她大发脾气，我觉得她太不用心了。

我们大概都觉得，自己每一次冲孩子发火，都是“被孩子气得情绪失控”。可真相是，愤怒是一种可放可收的“手段”而已。

这么说你一定觉得很奇怪。来给你说个故事吧！

有一天，一位妈妈正在和女儿大声争吵。这时电话铃响了。“喂喂？”妈妈慌忙拿起话筒，声音中依然带有一丝怒气。但是，当妈妈听出打电话的人是女儿的班主任时，她的声音立刻变得彬彬有礼了。就这样，妈妈客客气气地和班主任交谈了大约 5 分钟，挂了电话之后，又勃然变色，开始训斥女儿。

你看，这位妈妈的愤怒是不是“收放自如”？如果把这个场景放在我们身上，我想，我们也都能做到如此“自如”。所以说，对孩子发脾气并不是实在忍不住了，被动地发泄，而是可以主动去控制的。但为什么我们不去控制呢？

因为我们其实是把愤怒当作了帮助我们达成目的的“手段”。利用愤怒让孩子知道我们有多生气，我们忍耐了多少；利用愤怒威慑孩子，让孩子重视某件事，开始认真起来；利用愤怒让孩子害怕我们，从而听从我们的话。

如果我们认真思考自己陪孩子写作业的最终目的是什么，就不会采用“愤怒”这样的手段了。

我们发脾气也许能让孩子服从我们、重视某件事，却无法让孩子发展出对学习真正的热爱。我们发脾气也许能让孩子加快速度做事，却无法发展出他们自身的自控力；我们发脾气也许能让孩子害

怕我们，却无法让他们发自内心地尊重我们。

难怪有人说，生气是无能的表现。我想，这句话的意思就是，但凡我们能通过别的方式达到目的，就不会选择“生气”这个下下策。

很多家长会说：“我当然也知道生气不好啊，可我脾气一上来，我就控制不住自己。”

我们再想想上面那个故事，为什么家长对孩子的班主任能够控制情绪，对孩子就不行呢？你对家人控制不住情绪，为什么对你的老板就可以呢？

因为你知道，对家人发脾气不会有什么严重后果，但对老板发脾气你可能会失去工作！知道发脾气的后果有多严重，我们就不会放纵自己的情绪。

在陪孩子写作业这件事儿上，很多时候，是我们不知道对孩子发脾气会带来多严重的后果，相反，我们还会被发完脾气后孩子的“小进步”（比如孩子写得更快了，更认真了等）所激励。

可实际上，我们每一次对孩子发脾气，都在伤害亲子关系，伤害孩子的自信心，影响孩子对自己的评价，还会破坏孩子对学习的感觉。当父母对孩子发脾气成了习惯，孩子会更加畏难、厌学。这些伤害，一次两次看不出来，长此以往，便造成难以挽回的局面，非常难以修复。所以，很多青春期孩子的家长面对孩子的问题，往往感到束手无策。

意识到问题的严重性，我们才会有意识地控制情绪。

我们线上课的一位学员家长在一次课程中扮演“孩子”，面对“父母”的情绪，深深地感受到父母情绪失控时那些话语对孩子的伤害性，她感叹说：**哪怕孩子不写作业，父母也不要对孩子情绪失控。**

大家要记住这句话：哪怕孩子当天不写作业，父母也不要对孩子情绪失控！不对孩子发脾气，最起码不增加伤害。有了问题，我们可以等到自己情绪平复之后再去解决，那时候的解决方案，才是有建设性的，才是对孩子有帮助的。

二、分清问题的归属

父母在陪孩子写作业这件事上冲孩子发脾气，往往是因为没有分清这是谁的课题。将孩子本应该负责的事情背在自己身上，自己不堪重负，又嫌孩子没有主动性，不会自我负责。

那么，怎样确定一个问题的归属呢？

当孩子的某个需求没有得到满足时，他就遇到了一个问题，这不是父母的问题，因为孩子的行为没有直接影响父母满足自己的需求，因此，这个问题归属于孩子。

比如：

孩子很想玩，又不得不学习，总是在抱怨；

孩子在学校遇到了社交困扰，非常伤心；

孩子没办法管理好自己的时间，总觉得时间过得太快了；

作业太多，孩子不知道该从哪里做起……

这些都属于孩子遇到问题了，做父母的无须替孩子承担这些问题，一心想着怎样帮助孩子解决问题，并催促孩子。父母对孩子面临的问题太过积极主动会破坏孩子的内驱力，如果孩子发现自己的事情总有人替他操心，他自然就不会自己去想办法了。

对于属于孩子的问题，我们积极倾听就好了。

所谓的积极倾听，就是“我知道这个问题是你的问题，我愿意倾听你、支持你，自始至终相信你能找到自己的解决办法。当然，如果你想听我的建议也可以，但我绝对不会越俎代庖”。

这就是父母与孩子之间应有的边界。**不请自来的帮助往往被对**

方认为是廉价的，既然廉价，就无法发挥效力。同时，我们也要知道，哪怕是父母，也不要轻易剥夺孩子的人生体验。孩子写作业时拖拉、磨蹭，最后没写完，导致没有时间玩，是一种体验；被好朋友拒绝也是一种体验。不好的体验，自然会带来负面情绪，而负面情绪被表达、被倾听、被支持，才能带来内在驱动的行动力。这是一个完整的闭环。

而我们背负孩子的课题时，是孩子遇到一个问题，我们来想解决方案，然后让孩子去行动、去执行。这时，孩子没有得到切身体验，只是被动地执行，就很容易产生逆反心理。

所以，大家能看到，当问题属于孩子时，我们最需要做的就是倾听孩子表达负面情绪。**简单地说，就是在这个过程中不断确认和体会孩子的感受。**

有一天，心心的钢琴老师给她布置了几首特别难的曲子，并规定周三把练习视频发给老师。

周三晚上，心心早早就完成了学校作业，接下来就该练琴了。可她畏难，磨蹭着不肯去练。我提醒了她，并催了她 3 次（我们约定每晚催促不超过 3 次），之后我就没再催她了。

临睡前，她还是没有练熟，开始哭起来：“妈妈，你刚才录的那段发给老师肯定不行，就算发了也不能通过。”

“老师对你弹的这一段不会满意的，对吗？”我回应道。

“是的，她肯定不会满意，这首曲子太难了，都是之前没有弹过的，我连音符都找不准。”她愁眉苦脸地说。

“是啊，看得出来，你觉得这首曲子很难，对你来说是个不小的挑战！”我体会她的心情。

她又哼哼唧唧抱怨了一会儿，我继续积极倾听。

最后她自己说：“今天我怎么交作业啊，妈妈！”

我反问她：“你觉得怎么办才好？”

她想了想说：“你把这个发给老师，我跟老师说我明天继续练习吧！”

于是，我按照她说的做了。

晚上睡前，我又和她一起复盘了当天的时间利用效率，并且商量好第二天怎样安排时间。

当问题属于孩子时，父母是倾听者，是建议者，是“被动”的一方，**父母要引导孩子找到问题的解决方案，而不是直接替孩子解决问题。**

那什么时候问题属于父母呢？

当孩子的行为以某种切实或直接的方式对父母造成了影响，威胁到了父母合理满足自己的需求，那么这类问题就属于父母。

孩子写作业磨磨蹭蹭到很晚，本来你可以10点“准时下班”的，现在不得不推迟到10：30；

孩子写作业畏难，总是哼哼唧唧，影响了你的心情；

孩子写完作业不记得收好文具，总要你来帮忙，占用了你的时间；

孩子写作业，写一会儿就叫你一下，影响你陪小宝，影响你做饭……

总之，只要是这件事影响了我们自己的合理需求，这事儿就跟我们有关系了。

对于和我们没关系的事情，不需要发脾气，因为那不是我们的事，我们只需要倾听就好；对于和我们有关系的事情，也不用发脾气，而是可以好好想办法，好好沟通。

具体来说，我们可以从三个角度想办法：试着直接改变孩子；试着改变环境；试着改变自己。

以孩子写作业畏难为例，我们可以改变他的环境，也就是让孩子从简单的作业做起，从而缓解他的畏难情绪；我们也可以试着改变自己，告诉自己“孩子有畏难情绪很正常，我们陪着孩子让他把负面情绪表达出来他就能慢慢好起来”，这么一想，自己的烦躁情绪也能缓解一些。

同样，我们也可以试着与孩子沟通，直接改变孩子。这时可以用“我信息”表达自己。

比如对孩子说：

你感觉今天的作业很难，不想开始写，你哼哼唧唧的，也让我感到很烦躁，因为我今天也很累，没法帮到你；

你不记得收文具，需要我帮你检查，我觉得很累，因为我还有别的事情要做，这些琐事很占用我的时间；

你写作业时，时不时叫我过来，我感到很心烦，因为这会打断我，我正在外面做饭、带妹妹，不想跑来跑去。

一个完整的“我信息”包含：对不可接受行为的描述，自己的感受，以及对方行为对自己造成的实际而具体的影响。简单来说，就是“感受 + 行为 + 影响”。

客观地描述孩子的行为对我们造成的影响，这样的沟通能促进双方的理解。发出“我信息”后，我们可以再问问孩子，这种情况我们可以怎么办？和孩子一起想办法。

比如对孩子说：如果继续和你待下去，我可能会控制不住情绪，要不我们都冷静一会儿，你先在这儿哭一会儿，再写作业，怎么样？

或者对孩子说：咱们可以把要带什么文具列个清单，每天按照清单来检查；

还可以与孩子一起总结一下他通常在什么情况下会叫我们，想出在这些情况下的替代方案。

父母和孩子这样子互相商量着找到问题解决办法，同时又尊重了双方的意愿和感受，才是最有建设性的。

所以，我们需要分清问题的归属。对属于孩子的问题，积极倾听；对属于我们自己的问题，发出“我信息”，并和孩子一起寻找解决办法。当我们这样将思路理顺，就不容易有情绪，可以更有建设性地解决问题。

三、避免情绪失控

有时候，我们大人也会被情绪淹没，想发脾气。这时候怎么办？给大家分享几个我们家常用的好办法。

提前表达自己的情绪。比如告诉孩子“今晚2小时，你只做完了学校作业，一直没有去练琴，我感觉我要生气了，快控制不住自己了”。说的时候尽量放轻松一些，有一种内心的火要喷涌而出，快要把我们淹没的感觉。还可以配上夸张的动作，当我们和孩子笑起来的时候，可以很好地缓解紧张感。

让孩子来监督我们的情绪。如果经常情绪失控，那就让孩子来监督我们改进吧！在我们家，心心爸脾气比较大，以至于心心不能接受爸爸陪写作业、陪练琴。后来他们有了一个约定，如果爸爸发脾气了，就要满足心心的一个小心愿作为惩罚，事后也要好好去复盘。实行这个办法之后，我发现，其实满足小心愿都是次要的，重要的是有这样的监督机制会让孩子更有权力感和平等感，这才是他们最需要的。

记录情绪触发点觉察表格。如果家长时不时就情绪失控，最治本的解决办法还是要对情绪进行复盘。我在《童年不缺爱》这本书中详细分享过“情绪触发点觉察表格”，大家可以找来看一看。根据我的经验，记录几份“情绪触发点觉察表格”，就能特别清晰地了解自己情绪的来源，也会发现自己总在同样的挑战和冲突上栽跟头。好好梳理一下，情绪失控的情况就会来越来越少。

当然，如果做到了这些，还是偶尔忍不住对孩子发脾气，也不要给自己“差评”。从另一个角度看，冲突正是彼此理解的机会；偶尔失控，也只是提醒我们需要更多练习。这份耐心，我们很多时候会给孩子，但也别忘了匀一些给自己！

内容小结

1. 愤怒是一种可以收放自如的手段，很多时候，我们生气、发脾气都因为我们觉得这样能达成某个“目的”，但实际上，陪写作业时冲孩子发脾气往往会给孩子造成不可挽回的伤害。
2. 冲孩子发脾气，通常是因为我们背负了孩子的课题。要分清问题的归属。对属于孩子的问题，积极倾听；对属于我们自己的问题，发出“我信息”，并和孩子一起寻找解决办法。
3. 避免情绪失控的办法：提前表达自己的情绪；让孩子来监督我们的情绪；记录“情绪触发点觉察表格”。

实践出真知

觉察：回忆上一次陪孩子写作业发脾气的事件，想一想，这个问题归属于谁，可以怎样解决？

行动：了解如何记录“情绪触发点觉察表格”。

越比较越焦虑，怎样放松地实现对孩子的高期待

一、认识“比较”，善用“比较”

为人父母，我想你一定有过这样的感受：

孩子上幼儿园之前，我们觉得自己家的孩子是最棒的！思维敏捷，小嘴能说会道，记忆力也超棒！可一旦上学后，我们开始隐隐发现，好像并不是那么回事。当你看到别的孩子比你的孩子英语讲得更流利，会背诵的古诗更多，更早能够自主阅读，你就开始不淡定了。越比较，就越焦虑，觉得自家的孩子各方面都需要提升。

当我们开始对孩子有了期待，内心有了想要达到的标准，再回看孩子的现实状态，就往往会急功近利、对孩子失去耐心。

接下来我们就来谈一谈：如何安置好自己“爱比较”的心态，

甚至，将“比较”这件事，变成我们和孩子成长的动力。

一谈起“比较”，从理性上，我们都会觉得这是一种很不好的心态。其实，“比较”是非常自然的心理，人皆有之，它也是我们认识自己的一种方式。

伦敦商学院的组织行为学教授托马斯·穆斯维勒说：“社交比较，也就是和别人做对比，是我们用来认识自我最基本的方式之一。比如说，我是谁，我擅长什么，我不擅长什么。社交比较并不是刻意进行的，只要我们在面对其他人，‘比较’就会自发进行。”

一个人对自己的自我认知越是稳定、清晰，“比较”给其带来的影响就越小。

“比较”，一方面它会激起我们的斗志，督促我们弥补不足，让我们成为更好的自己；另一方面它也会给我们带来一些负面影响，比如让我们感到压力，让我们倾向自我否定。

我们不仅不自觉地将自己与他人进行比较，也会自然而然地将自家孩子与别人家孩子进行比较，这很正常，也很普遍，关键点在于，我们要善用比较。

如果在比较完之后，我们只是气急败坏地跟孩子说：

你看看，你们班的小明每次都能考 100 分，你为什么不行呢？

小红妈妈说小红每天回到家第一件事就是写作业，你也跟她学学啊！

也许我们只是想通过这样的话语让孩子明白我们的期待是什么，我们希望他怎么做。可孩子得到的信息却是，“是啊，为什么我不行，那一定是我不够好，我是一个很糟糕的人”。

孩子和成年人不同，他们的人生经历少，对自我的认知往往来自生命中重要他人的反馈。父母就像一面镜子，孩子会在其中照见自己、认识自己。

长期被比较的孩子，内心会有一种深层的自卑和不配得感。这是一种心理感觉，与孩子真正的实力无关。我们经常看到身边的一些朋友，他们明明很优秀，却对自己特别不自信，不敢挑战好的工作机会，不敢在人前表达自己，找伴侣也常常找比自己条件差很多的，这就是内心深层的自卑造成的。

此外，长期被比较的孩子，也很难拥有真挚的友谊，获得幸福感。在他的心里，好像一直有一个排名表，上面清晰地写着自己比谁厉害，谁又比自己厉害。在这样的固有认知之下，孩子在成年之后也会把他人都视为竞争对手。当朋友升职加薪时，他也没办法发自内心去祝福，相反，他会觉得自己的排名又下降了几格。

我们要帮助孩子树立健康的人生观，让他懂得世界就如同一个大平面，我们每个人不同且平等，有人会走在前面，有人走在后面，我们行进的距离和速度各不相同，但我们都各自朝着理想的自己不断迈进。只有树立这样的人生观，我们才能拥有更多真诚、平等、互相尊重的关系。

不恰当的比较会给孩子带来负面的自我认知，形成不健康的人生观，所以，身为父母，一定要注意自己习惯性的言语给孩子的人生带来的隐性影响。

那么，怎样巧用“比较”为孩子找到前进的动力呢？

我们要引导孩子客观地看到他人的优点，并告诉孩子“我相信你也一定可以”。我们还可以列举孩子曾经做得很好的一些事情，让孩子更有信心。这样的“比较”，不仅不会打击孩子的自尊，还可以让孩子将别人做得好的地方视为自己前进的目标，激发孩子实现目标的行动力。我们可以和孩子一起观察别人是怎么做的，和孩子一起分析如何行动才能向对方“看齐”。

之前，我经常把心心班里学习成绩最好的孩子约到家里玩。我发现，那孩子很喜欢给心心传授高效学习的经验和时间管理的经验，心心也愿意接受。孩子的心思真的很单纯，他们很乐于接受他人的经验，也愿意向别人学习，前提是她在过往没有太多被贬低的羞耻感。

其实，“比较”更多是给我们自己带来了焦虑。看到别人的孩子那么优秀，就忍不住担心自家娃，不自觉地否定自己，如果这种情绪不及时排解，在日常和孩子相处时，我们难免会说出一些自己原本不想说的话，做一些本不该做的事。

记得心心上幼儿园时，我也特别焦虑。

心心上幼儿园大班时，她的英语水平大概是能读牛津树 4 ~ 5 级，而班里有的孩子的已经能读到 9 级了；心心大字不认识几个，而班里有的孩子已经可以读一些简单的小说类图书了。

我非常焦虑，特别是她简单的单词还问我，读书还没有耐心时，我更是气不打一处来！

二、如何缓解焦虑情绪

之后，我开始尝试觉察自己的情绪，慢慢想通了很多问题，心态也平稳了许多。当我们越比较越焦虑时，可以问问自己以下四个问题。

1. 我可以向他人学什么

当我们把自己的孩子与别的孩子比较时，内心其实还有一个声音，是在比较自己和那个孩子的父母。

就像我当时，认为自己也为了孩子投入了很多，到底比别人差在哪了呢？这么想心里就会愤愤不平，就会越想越生气。

但后来，我慢慢想通了。当时，我确实是在“游戏力”①上研究很深入，但在孩子学习这一方面我的研究与投入是不足的。我开始将成绩好的孩子妈妈作为自己的榜样与目标，虚心向她们请教、学习，找到自己的不足，加以弥补。

我会约成绩好的孩子妈妈出来玩，事无巨细地请教她们，孩子在家是怎么阅读的，怎样进行时间管理的，等等。她们也都乐于帮助我，非常详细地向我传授她们是怎么做的。

找到方法后，我认真地在孩子身上实践，加上我本身具有专业的养育知识储备，又很善于举一反三，一段时间后，我发现孩子的进步真的很大。之前我羡慕的别人家孩子的状态，心心很快就做到了！

---

① 即《游戏力》一书中所指的“基于游戏的亲子沟通方式”。

所以，我们不仅仅要教孩子善用比较，自己也要做到，将“比较”作为自己前进的动力，向好的榜样虚心学习。同时要相信孩子，相信时间的力量。

2. 拉长时间维度，这个问题是否值得我这么焦虑

这是我们可以问自己的第二个问题：拉长时间维度，这个问题是否值得我这么焦虑？

如果自家孩子现在与别人家孩子有差距，那么一个学期、一年、三年以后呢？就像上文所说的，可能家长通过虚心学习，掌握了好的培养方法，孩子很快就能达到自己曾经羡慕的别人家孩子的状态，自己也就不焦虑了。

从另一个角度来说，当我们站在足够长的时间维度看现在的问题，我们也会不那么焦虑。

就如科恩博士所说，“更快并不意味着更好。成长有时像一场竞赛，但事实并非如此。举个例子来说，孩子更早学会阅读或写字并不会比同龄人更胜一筹。”

我们回想自己小时候，再看现在的自己与同龄人的生活状态，也会非常清晰这一点。

比如我自己，小学二年级时我还分不清左右，数学考试能考60多分；可高中时数学却可以考年级第一；高中时我不爱学习，非常逆反，20多岁时竟然每天挤时间看书、写文章。

所以，我们或孩子现在如何，并不代表未来就一定会怎样。人生是一场马拉松，当下的问题，在当下理性地妥善处理就好，不要想太多，也无须操心未来还没发生的事儿。毕竟每个人的人生际遇都是不一样的。

3. 我有没有全面看待孩子

当你越比较越焦虑时，再问问自己第三个问题：我有没有全面看待孩子？

你羡慕别人家孩子活泼大方，是否忽视了自家孩子做事情稳重谨慎？

你羡慕别人家孩子英语发音准确，是否忽视了自家孩子运动天赋很强？

很多时候，我们只是片面地看到了别人好的一面，拿自己的弱点和别人的优点比较，缺乏综合、全面的视角。

每个孩子都有其长处和不足，我们多肯定自家孩子的优势，可以让孩子在“比较”中准确找到自己的定位，从而真正明白人人不同且平等。

4. 怎样放松地实现对孩子的高期待

不得不承认，每一位父母都对孩子有期待。有期待本身不是错，只要它基于孩子客观的状态，不是想当然的高期待。

“游戏力”倡导父母对孩子要保持放松的高期待。换句话说，我们有我们的要求和期待，但我们要意识到，达成这个目标的路径各有不同。就像我们现在想从北京去上海，从北京到上海有很多方式方法，我们可以自驾、可以乘飞机，还可以坐高铁。选择出行方式时，我们要权衡哪一种耗时最少、最舒适、时间正好合适。

养育孩子的过程一样，当我们明确了目标与期待，选择达成方式时，也可以问问自己：我可以保持放松吗？我可以多使用充满爱的联结方式吗？我能尊重孩子的节奏，以合作的方式助力孩子达成目标吗？我能以让孩子有收获的方式去引导孩子吗？当我们有更多这样的自我发问，我们就能跨越情绪，选择理性、科学的养育方式。

内容小结

1. 如果我们能客观地将孩子与他人做比较，对孩子有信心，并引导孩子将他人当作目标与榜样，那么“比较”会激发孩子的行动力；反之，如果我们用“比较”打击孩子，“比较”则会让孩子自卑，形成不健康的人生观。
2. 当我们越比较越焦虑时，以下四个问题能帮助我们放松地实现对孩子的高期待。

   我可以向他人学什么？

   拉长时间维度，这个问题值得我这么焦虑吗？

   我有没有全面看待孩子？

   怎样放松地实现对孩子的高期待？

实践出真知

觉察：“比较”给你的人生带来过怎样的影响？现在你怎么看待它？

行动：回想一件你为孩子感到焦虑的事情，问一问自己上述 4 个问题，你有什么新思路吗？

参考文献

1. 卓立 . 欢迎来到一年级［M］. 北京：化学工业出版社，2019.

2 . 爱德华 · 伯克利，梅利莎 · 伯克利 . 动机心理学［M］. 郭书彩，译 . 北京：人民邮电出版社，2020.

3 . 威廉 · 斯蒂克斯鲁德，奈德 · 约翰逊 . 自驱型成长［M］. 叶壮，译 . 北京：机械工业出版社，2021.

4 . 池谷裕二 . 考试脑科学［M］. 高宇涵，译 . 北京：人民邮电出版社，2021.

5 . 心心妈 . 童年不缺爱［M］. 北京：人民邮电出版社，2020.

6 . 劳伦斯 · 科恩 . 游戏力养育［M］. 刘芳，李凡，译 . 北京：北京联合出版公司 .

7 . 博恩 · 崔西 . 吃掉那只青蛙［M］. 王璐，译 . 北京：机械工业出版社，2017.

8 . 彭凯平，闫伟 . 孩子的品格［M］. 北京：中信出版集团，2021.

9 . 安东尼 · 迪本德，劳伦斯 · 科恩 . 亲子打闹游戏的艺术［M］. 伍娜，译 . 北京：中国人口出版社，2016.

10. 简 · 尼尔森 . 正面管教［M］. 玉冰，译 . 北京：北京联合出版公司，2016.